大村政男
著

新編

血液型と性格

NEW EDITION
BLOOD GROUP AND CHARACTER

福村出版

刊行によせて

東京富士大学教授　浮谷秀一

一九八九年の初夏、イリノイ工科大学の准教授ウーリカ・シーガルストレオ女史（Ullica Segerstrale, Ph. D.）がスカンジナビア・ニッポン ササカワ財団の助成を受けて来日した。目的は「日本における血液型性格判断ブームの探索」である。彼女は多くの研究者に面談して帰国したが、その後どうなったかは不明である。

欧米の人たちから見れば日本という国は「不思議な国」に思えたと思う。今でこそ韓国・中国・台湾などで血液型性格判断の書籍が目につくが、かつてはそれが島国日本で沸騰していたからである。しかし、通俗嫌いな風潮のある心理学界から無視され、白眼視されていた。それをいいことにして血液型性格判断は「鳥無き里の蝙蝠」のように乱舞していたのである。視聴率最優先の社会であるテレビ界もこの蝙蝠の犠牲になったといえる。

著者が「血液型性格学は信頼できるか」という題目で、日本応用心理学会第51回大会で研究発表（一九八四年九月　於：富士短期大学（現：東京富士大学））をしたときの反響は大きかった。その研究発表は、その後藤田と浮谷が加わり第29報（二〇一二年九月）まで継続されている。その後、平凡社が刊行した『ジャパンピープル'85・年鑑マガジン創刊号』に次のような見出しが躍っていた。

「いちゃもんをつけられはじめた血液型ブーム　能見俊賢」と題し、続いて「狂乱気味とまでいえる〝血液型ブーム〟。なかでも〝血液型論争〟は過激に続いている。かたや〝科学〟といえばもう一方は〝デタラメ〟極まりない詐術であると批判する」。

このようなブームはいまでは鎮まっている。そして、テレビ番組からも消えている。しかし、無くなったわけではないようである。最近、文芸社からJamais Jamaisという外国人もどきのような著者名の血液型に関する本四冊（『A型自分の説明書』『B型自分の説明書』『O型自分の説明書』『AB型自分の説明書』）が刊行され、〝眠った児〟を起こしてしまったようである。新聞でも「当たっている啓発本ヒット」とか、「血液型、もはや個性」などと大きな見出しで報道されていた。爆発的に売れたというから〝血液型ブーム〟は確かに眠っていたのである。

今回刊行される『新編　血液型と性格』はよく書店の占いコーナーにある通俗本ではない。また能見正比古・俊賢の血液型人間学の後継者である「NPO法人ヒューマンサイエンスABOセンター」とも一線を画している。私たちが明らかにしていきたいのは古川竹二の血液型気質相関論（一九二七年）が紆余屈折して現代に至った史的展望である。

今回、福村出版のご好意によって前二書とは違ったアングルからの視座を持つ三番目の本を刊行することができた。資料に関する推計学的検定は故意に避けている。賢明な読者の判断に委ねることにした。熟読して楽しんでほしいと思う。

第4章　血液型個性研究をめぐる人びと

序章　体液と個性の心理学

心理学は人間性の科学であるという。人間性とは人間に特有の本性、こころのはたらきのことである。それでは科学とはなんだろう。狭い意味では数学や物理学・化学のような自然科学を指すが広い意味では単に学問と同義語に用いられている。しかし、科学の科には測る（measure）という意味がある。古代中国には「科挙」という官吏登用試験があったこと（一）はよく知られている。官吏として挙げる（採用する）人物を測る試験である。そこで科学は単なる学問ではなく測定・予測という仕事と関連している。普通の国語辞典で「科学」を引いてみると「普遍的真理や法則の発見を目的とし一定の方法にもとづいて得られた体系的知識」（二）と解説されているが、それだけで十分であろうか。

心理学は人間性という広大無辺の対象を相手にしている。どうやってそこから普遍的真理や法則を見出そうとしているのか。いくら優れた心理学者（以後サイコロジストと呼ぶことにしよう）でも皮膚からなかには入れない。もちろ

（一）隋・唐〜清まで約一三〇〇年間続いた官吏採用試験。日本でいえば国家公務員上級職試験。

（二）『国語大辞典　言泉』小学館一九八七年。『新明解国語辞典』第七版三省堂二〇一二年には「一定の対象を独自の目的・方法で体系的に研究する学問。雑然たる知識の集成ではなく、同じ条件を満足する幾つかの例から帰納した普遍妥当な知識の積み重ねから成る。（広義では社会科学・人文科学を含み、狭義では自然科学を指す）」。

ついでに「心理学」を引いてみよう。「人間・動物の意識とその行動との相関関係を研究する科学」と出ている。

ん、頭骨のなかには入りようがない。かつて『ミクロの決死圏』という映画があった。大脳の損傷を修理するために数人の外科医たちが超小型の潜航艇（一）に搭乗して静脈を経て患部にむかう。その途中、心臓の鼓動が轟音として艇を翻弄《ほんろう》させたり、白血球や抗体に襲われたり、人体はまさに小宇宙（ミクロコスモス）という感じが現実化する傑作である。もしもサイコロジストがこの潜航艇に便乗していたらなにか得るものがあったであろうか。私はなにも得るところはないと思う。心理学は「こころの機能《はたらき》」を研究している。そこでミクロ潜航艇ではどうしようもないのである。心理学では表出された意識と行動を手掛かりにして人間性にアプローチしている。このアプローチは古代ギリシアに始まる。

人間の個性についての興味

人間の個体がなぜそれぞれ異なっているかはギリシア時代から宇宙の神秘とともに哲学者の興味の中心であった。アリストテレスの弟子のテオプラストスは著書『人さまざま』（二）のなかで「そもそもギリシア本土は同一の気象のもとにひろがっており、ギリシアの人びともすべて同じ教育を受けているのに、それなのにいったいどうして我われの気質（三）は同じ在り方をするようにならなかったのか」と述懐している。ここで気質ということばが使われているが語原はわからない。〝混ぜ合わされたもの〟（ギリシア語）に起因しているようである。

（一）　あらゆる物品を極小化する器械が発明され、外科医たちが搭乗した潜航艇は注射によって静脈内に潜入する。帰還は涙腺に入って分泌されていく。そして原形に復帰し、めでたしめでたしで映画は終幕になる。

（二）　この本の訳者森進一は『人さまざま』の翻訳の底本および参考文献として八冊の内外の書籍をあげている。ただし、これらの本がテオプラストスの自著であるかどうかについては疑念を持っている。

参考文献　森進一訳『人さまざま』岩波文庫一九八二年。

（三）　テンペラメントというのは気性とも訳すが、心理学では気質と訳すのが通例である。個体の表出する感情的特質（憂鬱・冷静・性急・陽気）のベースになるものが気質である。

エムペドクレスの自然哲学

哲学者の最初の興味はコスモス（宇宙）であった。エムペドクレスはコスモスは地（土）・水・火・風（気）の四元素から成り立っているとしている。この四元素の均衡が破れると、地震、洪水、火山の爆発、突風などが起こるという。エムペドクレスはこれらは憎の力によって生じ愛の力によって治まるといっている。

ヒポクラテスの体液病理学

ギリシアの哲学者は人間をミクロコスモス（小宇宙）とするすばらしいアイディアを持っていた（一）。人類最初の医師といわれるヒポクラテスは人体には宇宙の四元素に相応する四種の体液があるとしている。すなわち、地に相応する体液は黒胆汁、水に相応する体液は粘液、火に相応する体液は黄胆汁、風に相応する体液は血液――がそれである（二）。ヒポクラテスはこれらの体液がアンバランスになると病気が起こるという。ヒポクラテスの体液病理学は現代の内分泌腺の化学を先駆ける構想といえるかもしれない。

ガレヌスの四気質説

ガレヌスはローマ帝国によってキリスト教が公認される一〇〇年ぐらい前の時代に活躍した医師である（三）。ガレヌスはこれらの体液によって個体の気質が決

（一）女性の月経の周期は一般的に二八日である。天体の月は二八日で満月から次の満月にもどる。まさに人間はミクロコスモスであったのである。日本の太陰暦は月（太陰）の運行を基準にして作成されている。

（二）宇宙の四元素と四種の体液との対応には別の資料もある。すなわち、地→粘液、水→黒胆汁、火→血液、風→黄胆汁である（今田恵『心理学史』岩波書店一九六二年）。

（三）キリスト教がローマの国教になったのはAD三一三年である。それ以前のローマによる迫害の歴史はよく知られている。「ミラノ勅令」を発したコンスタンチヌス帝は夢によって公認が啓示されたと伝えられている。

図1　ヒポクラテス
（前460ころ〜前370ころ）

図2　ガレヌス
（129ころ〜200ころ）

定されるという四気質説を唱えている。黒胆汁の多い人は憂鬱気味（黒胆汁質）、粘液の多い人は沈着冷静、おっとりした気質（粘着質）、黄胆汁の多い人は性急で怒りっぽい気質（胆汁質）、血液の多い人は陽気な気質（多血質）がそれである。エムペドクレスの自然哲学からヒポクラテスの体液病理学へ、そしてガレヌスの四気質説へと移っていく。黒胆汁質は陰気、粘液質は平気、黄胆汁質は短気、多血質は陽気という通俗的な表現はわかりやすく人気がある。（一）

馬には歯がなん本あるか

ガレヌスの四気質説は急速に西ヨーロッパに広まっていった。彼は医師として神秘主義を拒否したが時代はそれを許さなかった。彼の死とともに暗い宗教優位の時代が開幕する。五世紀から一五世紀にわたるいわゆる「暗黒の中世」

（一）　この陰気・平気・短気・陽気の四語は日本心理学会（現在の公益社団法人「日本心理学会」）の創設者松本亦太郎（一八六五〜一九四三）のまとめである。

である。有名な「魔女狩り」がさかんに行なわれたのは一五〜一七世紀であるが、それ以外の時代にも教会の力による恣意的な事件があったのではないだろうか。面白い話が伝わっている。

ある教会で僧侶たちが馬には歯がなん本あるかを討論したそうである。一人の若い修行僧が馬小屋に出かけて実際に馬の歯の数をかぞえて得意になって報告した。ところが彼は先輩の僧侶から厳しく叱責されたそうである。馬の歯の本数は教会の合議によって決めることだ――というのである。

この話は作話だと思う。実際の観察よりも宗教の力がいかに強かったかを示す寓話だと思われる。科学的探究は長い間宗教の下僕になってしまったのである。この風潮は現代でもまったく消えてしまったとはいえないと思う(一)。

ホフマンの四気質説

ドイツの医師ホフマンはハーヴェイの血液循環(二)の法則の発見（一六二八年）に刺激され四気質説と血液循環とを結び付けている。黒胆汁質の人は血液は濃厚で血管組織は密である。ドロドロした血液が細かい血管組織のなかを流れるから滞りがちになる。憂鬱な気質が形成される。粘液質の人は血液は濃厚であるが血管組織は粗い。ドロドロした血液が粗い血管組織のなかをゆったり流れる。おっとりした気質が形成されることになる。胆汁質の人は血液は流動的で

（一）　なんの支えもなく空中に静止することは地球上では絶対にできない。そういう写真があったとすれば瞬間的にシャッターを切ったものか、作為的なものである。しかし、それを信じある宗教にどっぷり漬ってしまった人もいるのであるから驚きである。

（二）　心臓は血液を動脈管の中に送り出す。左室→大動脈→動脈→毛細管→静脈→大静脈→右室→肺動脈→肺毛細管→肺静脈→左房に帰ってくる。血液循環の原理はウイルアム・ハーヴェイによって立証されている。ホフマンはこの血液循環について面白い提言をしたのである。

　血液が大循環をする速さは個人の年齢によって異なるが成人（三〇〜四〇歳）では二一秒とのことである。

血管組織は密である。サラサラした血液が細かい血管組織のなかを流れることになる。血液の流れは滞ることはないが、細かい血管なので圧がかかっている。強い流れになる。奔流のような激しい気質が形成される。多血質の人は血液が流動的で血管組織は粗い。サラサラした血液が粗い血管組織のなかをゆったり流れることになる。小学校唱歌の『春の小川』のイメージである。

驚くべき輸血の時代

血液循環の原理の発見は医療用の目的のために血液を静脈から抜取る瀉血《しゃけつ》とともに輸血まで実施されるようになった。血液型が発見される以前のことである。一六六七年、フランスのある医師は、失恋のために精神錯乱に陥っている青年に仔牛の血液を注入して鎮静させた話が残っている。(一) 青年の血液を老人に注入すれば若返るのでは――という考えが生まれたのもこの時代である。

まったく別な女になった夫人（アイン　ガンツ　アンデレ　フラウ）

一九〇一年に血液型が発見されたが、わが国に輸血の技術が移入されたのは一九一九年ごろである。西ヨーロッパにおける輸血技術の確立は一九〇一年からあまり経ていないころであろう。驚くべき西洋の科学である。

それなのに多くの人びとに不安を与えるような出版物が刊行されたのである。輸血を材料にした怪奇小説が一九三一年にゲオルグ・フレッシェルによって執

(一)　ジルボーグ　神谷美恵子訳『医学的心理学史』みすず書房一九五八年。

筆されている。『まったく別な女になった夫人』（原著名は『アイン　ガンツ　アンデレ　フラウ』である）（一）。粗筋を書いておこう。

ベルリンに滞在していたイレーネ・リペルシェイ夫人は急用で夫の任地のイタリアのトレビソ（北部イタリア）に旅客機で向かうが、乗機はなんと事故で墜落してしまう。夫人は重傷を負うがたまたまそこにいた悪党の輸血で一命を取り留めることができる。しかし、生来の気質が一変し悪党の仲間に入っていく。

一九三一年といえば血液型も輸血も珍しかった時代なのでこのような小説が書かれたのであろう。現代のセンスからいえばSFマンガにもならない素材であるが、大衆的なセンスからいえば実話として受容されると思う。

図3　『まったく別な女になった夫人』の原本

哲学者カントと血液型

カントにも血液型の記述がある。たやすく刺激されないが深刻性を持っている黒胆汁質を重血質、反応は緩やかで活動が永続する粘液質を冷血質、活動性は激しいが永続きしない胆汁質を熱血質（温血質）（二）、速やかに刺激されるが深刻性や永続性に乏しい多血質を軽

（一）Georg Fröschel: ein ganz andere Frau. が原著名である。

この小説については大阪市の道修町にある大阪血液型研究所の所長石津作次郎が編集刊行した『血液型研究』第2号（一九三一年一一月刊）に掲載されている。

日本では一九三〇年七月に浜口雄幸《おさち》首相が右翼に狙撃されるが輸血で一命を取り留めることができたので輸血が有名になる。しかし、その翌年その弾傷がもとで没することになる。

（二）一般に温血としているが、ここでは熱血としておこう。原語はヴァルム（warm）であるから熱いと訳しても誤りではないと思う。熱血としたほうが感じが出ている。

図4　ヘルムホルツ
(1821〜1894)

図5　ヴント
(1832〜1920)

血質——という名称である。重血質、冷血質、熱血質、軽血質という命名は含蓄があって実に面白いと思う。

初期のサイコロジストたちと四気質説

心理学は意識の機能に興味を持つ生理学者や物理学者によって建設されている。ヴント(一)やヘルムホルツ(二)である。ヴントは心理学実験室も設置していた。

ヴントが四気質説に興味を持っていたこともよく知られている。感情の表出が強いか弱いか、感情の変化が速いか遅いか——で四分割するのである。

黒胆汁質の人は表出は強いが変化は遅い(陰気)、粘液質の人は表出は弱く変化も遅い(平気)、胆汁質の人は表出も強く変化も速い(短気)、多血質の人は表出は弱いが変化は速い(陽気)——というのである。陰気・平気・短気・陽気は松本亦太郎(三)の命名であるが、粘液質は平気より暢気のほうがいいように思うがどうだろうか。

(一)　ヴント(一八三二〜一九二〇)は生理学をベースにして心理学を建設した。一八七九年、ライプチッヒ大学に小さいものであったが実験室も設置している。日本人でヴントの講義に出席した人は井上哲次郎ただ一人であったというが(一八八五年)、ヴントの没後に実験室を訪問した人は多い(松本亦太郎・桑田芳蔵・野上俊夫など)。ヴントの著書には『心理学概論』(一八九六年)など多数あるが、『民族心理学』(一九〇〇年から二〇年にわたる大著、一〇巻)という著述があるのは興味深い。

(二)　ヘルムホルツ(一八二一〜一八九四)は物理学者。生理学にも通じ、感覚・知覚の分野で心理学に貢献した。色覚についてのヤング・ヘルムホルツ説(三色説)は有名。

(三)　一四ページの注(一)参照。ただし、「のんき」というと「矢田部ギルフォード性格検査」では衝動性と同義語になっている。

ヴントの門下のモイマン(一)も四気質説を研究している。彼の研究をまとめたものが表1である。彼は興奮性（刺激によって強い感情——喜怒哀楽——が容易に発動する）、活動性、持続性、感情の質（快・不快）から四気質説を分析している。黒胆汁質と粘液質は興奮性・活動性はともにマイナス（低レベル）だが、持続性はともにプラス（高レベル）、しかし、黒胆汁質は感情的には不快だらけだが、粘液質は感情的には快で安定している。胆汁質と多血質は興奮性・活動性はともにプラスだが、胆汁質の持続性についてはモイマンは「？」としている。しかし、多血質の持続性は意外にもマイナスになっている（胆汁質の人は不快感が持続し、多血質の人は快的な感情が持続しているのではないだろうか、この点疑問である）。

表1　モイマンの四気質分析

	興奮性	活動性	持続性	感情の質
黒胆汁質	−	−	＋	不快
粘液質	−	−	＋	快
胆汁質	＋	＋	？	不快
多血質	＋	＋	−	快

ガレヌスに発した四気質説は初期のサイコロジストにも興味を持たれていたようである(二)。

(一)　モイマン（一八六二〜一九一五）はのちに実験教育学という新分野を開拓した。

(二)　初期のサイコロジストが四気質説に興味を持ったのは感覚や感情に関する研究のベースにしたもので、気質や性格に関する研究はテオプラストス以降途絶えている。

東洋における血液観

東洋で血液型が注目されたのは明《みん》の医師　宗恵文の著述『洗冤録《せんえんろく》』が最初のものであろう。この本のなかには合血法や滴血法などが書かれている。合血法というのは異なった二人の血液を混ぜること（親子ならば混ざるという）で滴血法というのは遺骨に血液を垂らすこと（親子ならば染み込むという）である。そこでこの本は世界最初の法医学の文献と呼ばれているがどうだろうか。この技法はわが国にも渡来している。しかし、この合血の法は古代のアイヌ民族の間でも行なわれていたという確実な資料がある。平安時代（一）の末期の歌人僧顕昭が著述した『袖中抄』の一部を読みやすい文体にして紹介してみよう。

奥羽の夷《えびす》（二）は自分の子どもと他人の子どもとを判別する際に父親の血液と子どもの血液とを合わせ、二人の血液がひとつになったら真の親子で、ひとつにならなければ親子ではないとのことである。（三）

西洋においてこの凝集反応（血液が固まってしまう現象）を発見したのはイギリスのシャトックである。東洋は覚束ない技法ではあったが西洋に先手を打ったことになる。しかし、東洋の検索は不思議だ、便利だ――という枠内で終わってしまうが、西洋の科学は偶然的な出来事ではあったが、シャトック（四）の発見が端緒になって「血液型の発見」という重大事件に連なっていく。

（一）　桓武天皇が京都に都を置いた七九四年から約四〇〇年間の時代。次にくるのが一一九二年に始まる鎌倉時代である。

（二）　夷はエミシとも読む。異民族のこと。この場合、奥羽地方から北海道にかけて居住していた蝦夷《えぞ》、すなわちアイヌ民族のことらしい。

（三）　血液型が発見されていないころの識別法であるが、大昔の人の知恵としてはたいしたものといえよう。

（四）　シャトックは一九三三年にある特定の重症患者（例えばリウマチ）の血清が健康者の血球を強く凝集させることを発見している。その後、ラントスタイナーが人間の血清と血球とをさまざまに組み合わせてその作用を観察し（同種血球凝集反応の試験）、人間の血液に四種類あることを発見することになるのである。

第1章　血液型時代の開幕

個性とは個体（インディヴィデュアル）(一)の持つすべての特徴のことである。individual の語原は「不可分割性」ということである。ここでは血液型と人間の気質や性格を含む個性との関連研究の歴史をたどっていくことにしよう。

血液型が発見される

血液型といえば「ABO式四群」を想起する。他に多くの血液型が見出されているが、輸血のときに問題となるのはこのABO式四群なのである。心理学、特に性格心理学ではABO式四群が研究のターゲットになっている。いちばんポピュラーで類型がつくりやすいからである。この血液型は一九〇一年にウィーン大学のラントスタイナー(二)とその門下のデカステロとスチューリ(三)の二人によって発見されている。「血液型時代」が開幕されたのである。

血液型はまず人種差別に利用されることになる。長身で鼻が高く眼が青く金

(一)　individual とは「これ以上割れない」ということである。これ以上割ったら死んでしまうということになる。サンショウウオは半分に裂かれても生きているという伝説から「ハンザキ」という渾名があるがもちろん伝説にすぎない。

(二)　カール・ラントスタイナー（一八六八～一九四三）。一九三〇年に「ノーベル生理・医学賞」を受賞。ドイツ人で、のちにアメリカ国籍になる。血液型はO型。

(三)　アルフレッド・デカステロとアドリアノ・スチューリの生年・没年については不明である。

図6　ラントスタイナー
（1868〜1943）

髪で、皮膚が白い西欧人にA型が多く、短身で鼻が低く皮膚の色も冴えない東洋人は侮蔑のかっこうの対象であった。その東洋人にたまたまB型が目立っていたのである。人種差別の時代はB型蔑視の時代でもあったといえよう(一)。

それでは二〇世紀初頭の西欧の血液型分布はどうなっていたのか。まとめてみよう。西欧の白人たちはA型人種優秀説を唱えていたが、かれらの血液型を古い資料(二)で調べてみるとA型が圧倒的に多いとはいえないのである。どうしてA型優秀説なんていうものが出てくるのであろうか。B型はたしかに少数であるがO型もかなり多数なのである。血液型の発見者ラントスタイナーはO型であったという。

私は白人のA型人種優秀説はドイツ人の医学界が震源だと信じている。ドイツ人はゲルマン民族に属するがどうしたことか優越感の強い民族である。第二次世界大戦を引き起こしたヒトラー(三)はその著『わが闘争』のなかで「日本人は創造力が欠如している国民であるがドイツ人の手先に使うなら役に立つだろう」としている。驚きである。

(一)　日本人は明治維新以来白人ショックに悩まされていたが、日清・日露の大戦に勝利してそのショックも薄れたが、今度は白人が日本人を含む東洋人—黄色人種を警戒するようになってくる。

(二)　古川竹二が引用したヒルシュフェルト夫妻（ポーランド人）の資料による。第一次世界大戦終戦時（一九一八年）のものである。
　ドイツ人：A型四三・〇%、O型四〇・〇%、B型一二・〇%、AB型五・〇%（調査人数五〇〇人）
　イギリス人：A型四三・四%、O型四六・四%、B型七・二%、AB型三・〇%（調査人数五〇〇人）。

(三)　ナチス・ドイツ（俗にドイツ第三帝国という）の総統（一八八九〜一九四五）。『わが闘争』は邦訳もされているが上記の部分は削除されているそうである。

血液型性格研究のパイオニアたち

わが国でなぜ血液型か？　の回答に移ることにしよう。

日本赤十社長野支部病院の医師原来復《きまた》は助手の小林栄医師と連名で『医事新聞』九五四号（一九一六年七月二五日付）に「血液ノ類属的構造ニ就テ」と題する論文を載せている。（一）類属とはドイツ語のグルッペ（Gruppe）の訳で英語でいうグループのことである。原文は難解なので現代的にほぐして記述しておこう。

血液型の差異によって人間の性格またはその他のものになにか特徴が生じるかどうかについてはまだまったく不明であるが、我われが研究中にちょっ

図７　原来復（1882〜1922）

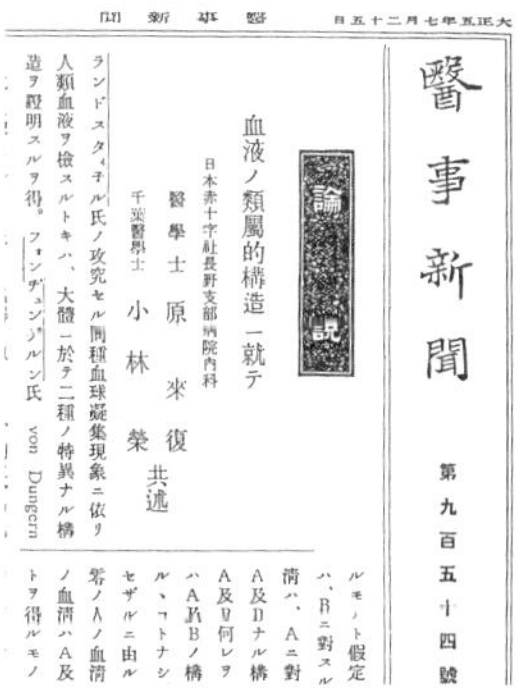

大正五年七月二十五日　醫事新聞

醫事新聞　第九百五十四號

論説

血液ノ類屬的構造ニ就テ

日本赤十字社長野支部病院内科

醫學士　原　來復

千葉醫學士　小林　榮　共述

ランドスタイチル氏ノ攻究セル同種血球凝集現象ニ依リ人類血液ヲ檢スルトキハ、大體ニ於テ二種ノ特異ナル構造ヲ證明スルヲ得。フォンヂュンゲルン氏 von Dungern

ルモノト假定ハ、Bニ對スル清ハ、Aニ對A及Dナル構A及Bノ何レヲハAB及Bノ構ル、コトナシセザルニ由ル若ノAノ血清ノ血清ハA及トヲ得ルモノ

図８　『医事新聞』954号に掲載された原・小林の論文のタイトル部分

（一）血液型のことをドイツ語でブルトグルッペ（Blut Gruppe）、英語ではブラドグループ、あるいはブラドタイプという。

と不思議に感じたことは、この人はB型ではないかと思われた人の多くはB型であった。どんな人かといえば体が細くて優しそうな人である。（中略）なお、六人兄弟のうち五人がA型、一人だけが零《れい》型（一）の家庭があったが、A型の五人が同じような性格なのに零型の一人は他とまったく異なった性格であった。また、ある小学校に兄が□型で弟が□型という二人の兄弟がいたがこの二人がはなはだしく異なっていた。□型のほうは柔軟で成績は優等生中の首席であったが□型のほうは粗暴で成績も最低であった。以上のようなことは偶然の事柄かもしれないが、さらに調査を進めれば興味あることと思う。

（一）零型はのちにO型という名称になる。オーネェ（ohne）というドイツ語の頭文字である。O型の血液はA型やB型どちらの血清にも凝集されないのでオーネという除外するを示す否定的なことばが使われているのである。

原と小林の論文には二人の血液型が記載されているが、ここに記載すると偏見の材料になるので伏字にしておくことにする。

『信濃毎日新聞（信毎）』の記事

原来復は『医事新聞』の前に『信毎』の記者と会談している。図9はその記事の一部である。記者がまとめたものであろう。読みやすい文体で記述してみる。総人数は三五〇人ではなくA型一四三人（四〇・五％）、B型五五人（一五・六％）、AB型六九人（一九・五％）、O型八六人（二四・四％）、合計三五

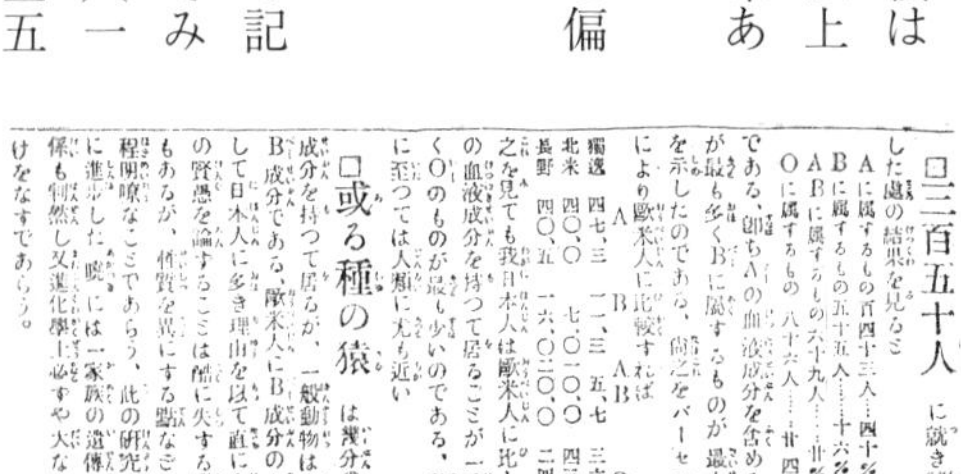

□三百五十人に就き試驗した處の結果を見るに
Aに屬するもの百四十三人…四十％五
Bに屬するもの五十五人…十六％
ABに屬するもの六十九人…廿％
Oに屬するもの八十六人…廿四％四
である、即ちAの血液成分を含める者が最も多くBに屬するものが最少數を示したのである、尚之をパーセントにより歐米人に比較すれば

	A	B	AB	O
獨逸	四七、三	一一、三	五、七	三六、〇
北米	四〇、〇	七、〇	一〇、〇	四三、〇
長野	四〇、五	一六、〇	二〇、〇	二四、四

之を見ても我日本人は歐米人に比しBの血液成分を持つて居ることが一番多くOのものが最も少いのである、動物に至つては人類に尤も近い

□或る種の猿 は幾分のA成分を持つて居るが、一般動物は多くB成分である、歐米人にB成分の少くして日本人に多き理由を以て直に人間の賢愚を論ずることは酷に失する嫌ひもあるが、性質を異にする點などは餘程明瞭なことであらう、此の研究が更に進歩した曉には一家族の遺傳的關係も判然し又進化學上必ずや大なる助けをなすであらう。

図9　『信濃毎日新聞』の1916年（大正５年）５月31日付記事の一部

三人である。図9で問題になるのは統計のことはさておき、原が血液型による人種差別を批判したこと、それから血液型と性格に興味を示したことである。この二件についての原の解説に注釈を加えて紹介しておこう。

　日本人（この場合サンプルは長野県人）は欧米人（独逸人・北米人＝米国人）と比較してB型の血液型の人が一番多く（新聞記事では独逸人一一・三％、北米人七・〇％、日本人一六・〇％）O型が最も少ない。動物においては人類に最も近いある種の猿の一部はA型の血液型を持っているが一般の動物の多くはB型である(一)。欧米人にB型の人が少なく日本人にB型が多いという理由をもってただちに人間の知的レベルを決定してしまうことは厳しすぎることである。しかし、血液型によって性格を異にする点などはかなり明らかなことであろう。この研究がさらに進捗したときには一家族の遺伝的関係もはっきりし、また進化学研究にも大きな力になると思う。

血液型による人種差別（白人A型人種優秀論）

原来復が留学したころの西欧は白人A型人種優秀論という偏見に凝り固まっていた。このような西欧社会にもうひとつの問題が起こってくる。ドイツ皇帝ウイルヘルム二世(二)たちが主唱した黄禍論（黄人禍）である。ドイツ語ではゲル

(一)　藤田紘一郎の『パラサイト式血液型診断』によると、オランウータン、チンパンジー、ヒヒは人類と同じ四種類の血液型を持っているという。なお、いくぶん下等とされるカニクイザルもA型の血液型である。ブタの大部分はA型だという。西欧の学者たちが気絶するような情報である。

　なにしろこの時代はA型人種優位の時代で、デュンゲルンの調査によるとハイデルグの住民三四八人中、A型四七・一％、B型一〇・四％、零型三六・八％、AB型五・七％であった。零型はO型のこと。

(二)　ウイルヘルム二世は正確にはプロイセン国王兼ドイツ帝国第二代皇帝。第一次世界大戦（一九一四年七月～一八年一一月休戦）に敗れ退位、オランダに亡命し余生を送る。当時は戦争犯罪という概念はなかった。

図10　ドイツ皇帝ウイルヘルム二世（1859〜1941）

ベゲファール（Gelbe Gefahr）という。黄色人種警戒論である。下等なかれらが我われ白人の権益を侵害しようとしている——というのである。この警戒論は人種差別に発展しB型の血液型と結びついてくる。かれらはA型優位を前面に出しているが、ブタやサンショウウオもA型なのである。

そのようなことを二〇世紀の初頭では知るよしもない。血液型による人種差別は、人種を超えて個人を目標にする人間差別に発展することになってしまうのである。この風潮を現代にまで伝えているのが我が国である——といってもさしつかえないと思う。なぜ日本で流行っているのか——についてはさまざまな意見がある。それについてはあとで触れることにしよう。

大日本帝国（一）陸海軍における血液型個性（二）研究

日本人は勝気である。ヒステリー性格か。特に陸軍の指導的地位にいた将軍や参謀（いわゆる職業軍人）は勝気である。かれらのなかで政治面に関与した

図11　日本陸軍の歩兵部隊（三）

（一）「大日本帝国」といってもわからない人も多いと思う。太平洋戦争終戦前の「日本国」の呼称である。

（二）軍医たちは、兵士たちの血液型と身長、体重、同胞数、階級、懲罰、疾病などとの関係を調べているので個性ということばでまとめることにしている。

（三）主として徒歩で移動進撃し敵を制圧する兵士の集団。現在の陸上自衛隊では普通科という。

人びとのなかには極端な自己顕耀欲型の人格の持ち主が瞥見《べっけん》されるのである。

このような人たちが青年時代から偏向教育を受け、狭い視野をより狭くして軍の中枢部にあって近隣諸国に侵攻し、やがて国家を破滅に導いてしまうのである。

日本陸海軍における軍医たちの血液型研究は輸血の研究に始まり、やがて兵士の個性(一)研究に移っていく。

図12　日本陸軍の野砲部隊（砲兵）の砲撃

平野林と矢島登美太の研究

平野林軍医と矢島登美太軍医は一九二六年の『軍医団雑誌』一五七号に「人血球凝集反応ニ就テ」という論文を発表している。この論文は軍医の血液型個性研究としては最初のものである。内容は愛知県豊橋市駐屯の野砲第一連隊(二)を対象にしている。かれらの研究の一部を紹介しておこう。

㈠調査対象は、A型二七五人（三六・五%）、B型一六〇人（二一・二%）、O

(一)　日本の明治・大正・昭和の三代は富国強兵の時代である。そこで兵士の個性が血液型で判明することができれば非常に便利である。

(二)　この第一連隊は太平洋戦争の末期（一九四五年一月）、フィリピンのレイテ島決戦に参加しカンギポット山麓で米軍と戦い全滅してしまう。

型二四八人（三二・九％）、AB型七一人（九・四％）、合計七五四人である。

㈡兵士の最上位である上等兵が連隊に一〇〇人いたが、A型三五人、B型二四人、O型二九人、AB型一二人であった。優秀な兵士といわれる上等兵にもB型が二四人もいるのである。このことは白人社会のB型蔑視観・黄色人種蔑視の世界観に対する反発である。

㈢最近一年間に反則行為で懲罰を受けた兵士を血液型別にまとめると、A型五人（一・八％）、B型三人（一・九％）、O型五人（二・〇％）、AB型〇人である。ここでは平野と矢島の資料を修正している。（一）

㈣疾病に関しては、A型は免疫効果が少ない。B型には虫垂炎などに罹患するものが多い。O型には副乳腺の疾患が、AB型にはトラホームや色神異常が目立っている。一般的にいってO型は罹患率が少ない。

平野と矢島の研究は陸軍最初の血液型個性研究であるが、当時の軍医たちの研究のレベルを知ることができて実に興味深い。

中村慶蔵の研究

中村慶蔵軍医は一九二七年に「血液種族ト兵卒ノ個性ニ就テ」（二）という論文抄録を『軍医団雑誌』一六九号に発表している。その要点は松田薫（三）によって紹介されている。中村軍医は、愛知県豊橋市に駐屯していた歩兵第一八連隊の兵士

（一）　平野と矢島は初年兵や志願兵を除いた二年次兵中の懲罰者を対象にしているので、ここでは全兵士を対象にした数値に修正した。初年兵とは入隊したばかりの兵士、志願兵とは徴兵令ではなく志願入隊した兵士をいう。二年次兵とは入隊後二年軍隊にいる兵士のこと。この野砲第一連隊には初年兵・志願兵四三八人（A型一四八人、B型一〇六人、O型一四四人、AB型四〇人、合計四三八人）、二年次兵三一六人（A型一二七人、B型五四人、O型一〇四人、AB型三一人、合計三一六人）、合計七五四人である。

（二）　『改訂第二版「血液型と性格」の社会史　血液型人類学の起源と展開』河出書房新社一九九四年の著者。

（三）　この連隊の主力は太平洋戦争の末期グアム島で全滅した。

一、〇三七人についての研究で、兵士の性格、学科成績、懲罰回数、食物嗜好、既往症などと血液型とを結び付けたものである。

坪倉利の研究

坪倉利軍医は中村慶蔵軍医と同じころに『軍医団雑誌』一六九号に「歩兵第一二連隊兵卒ノ血液型ニ就テ」という論文を発表している。しかし、どうしたことか血液型とその兵卒数に明らかなミスがある。坪倉論文ではAB型の兵卒が二六四人もいたことになっている。次に坪倉の調査人数をあげておこう。括弧内の数値は修正値である。A型三五一人（変わらず）、B型一七〇人（変わらず）、O型八四人（二六四人、原文には旧称のC型が使われている(一)）、AB型二六四人（八四人）、不明六人（変わらず）となっている。坪倉はその報告で香川県善通寺市に駐屯していた歩兵第一二連隊(二)の兵士八五七人を調査対象にしていると書いているが実は八七五人である。印刷時のミスであろうか。

松田薫が数多くの研究をまとめたところによると、次のような興味深い事実が浮かび上がってくる(三)。

兵士の個性研究においてO型が多領域で優位になっている。特に射撃に優れているという。射撃以外では、柔道、剣道、野球、バスケットボールといった体力や機敏性を必要とするスポーツはO型とB型が優れ、体操、馬術、水泳、

(一) 血液型の零型は一九二七年ごろにはC型と呼ばれ、やがてO型に変わることになる。

(二) この連隊の主力は太平洋戦争の末期高知県南岸地区の防衛につくが、一部はグアム島に派遣されそこで全滅してしまう。軍隊はまさに運隊である。

(三) 松田薫の前掲書による資料である。次の歩兵第三〇連隊に関する資料は前掲の松田の著書からの引用である。松田は谷岡寿長軍医と高倉永次軍医による「歩兵第三〇連隊兵員の血液型と其統計的観察」『犯罪学雑誌』第六巻三号（一九三二年）から引用している。

マラソンといったような技術や耐久性を必要とするスポーツではA型とAB型が勝っているとのことである。

歩兵第三〇連隊（一）における研究

この連隊では銃剣術や剣道の血液型別対抗試合を実施している。松田によると海軍兵学校でもこのようなことは実施されていたという。対抗試合の結果を不等号で示すと次のとおりである。どの血液型が強いといわれないのでは――。

A＞O　B＞AB　O＞B　AB＞O

このような結果ではあるが、個人ではO型が圧倒的に強いといわれている。剣道のことはよく知られているが、銃剣術は過去のものなので図13にその試合状況を示しておいた。右側の兵士が勝った瞬間である。

朝鮮人に対する差別意識

いまでこそ韓流スターブームであるが、一九四五年八月一五日以前は半島は日本の植民地であった。それまでは朝鮮人による大韓帝国であった。日韓併合（一九一〇年）以降三五年間、朝鮮人は強烈な人種差別に苦悩することになる。西欧の白人が日本人を差別し、差別されている日本人が今度は朝鮮人を差別するのである。

高原武一軍医は『海軍軍医会雑誌』第一九巻四号と『犯罪学雑誌』第三巻三

（一）この連隊は旧満州（現在の中国北東部）方面に駐屯することが長期間に及んだが、太平洋戦争の末期には沖縄の八重山列島の宮古島の防衛に当たっていた。

図13　銃剣術の競技

号の両者に「山陰地方出身隊兵ノ血液型」と題する論文を掲載している。山陰（鳥取・島根）出身兵一、三五三人と朝鮮人一、三五二人を血液型の分布から考察しようとするのである。左にそれらの数値を掲載したが、三群の血液型分布に有意な差があるだろうか。

山陰兵：A型四一・二%、B型二一・二%、O型二八・一%、AB型九・五%。
朝鮮人：A型三三・三%、B型三一・一%、O型二五・八%、AB型九・八%。
日本人：A型三八・二%、B型二一・二%、O型三一・〇%、AB型九・六%。

高原軍医は『犯罪学雑誌』のなかで医師とも思われない神懸がった記述をしている。読みやすい文体にして紹介しておこう。

いわゆる出雲民族発祥地方人の血液型は天孫民族発祥地方人の血液型と同様であって古来より交通頻繁であった朝鮮半島の人びととは著しい混血がないことが明らかになり、わが日本民族の起原に重要な示唆を与えるものである——という文脈である。さらに高原軍医は『古事記』の神話まで引用し、わが日本民族は日本島に生まれた優秀な新民族である。わが日本民族の故郷は日本島をおいて他にはない。わが建国の伝説にはなんら矛盾するところがないということを科学的に立証しえたとまとめている(一)。

なにが科学的に立証されたのであろうか。それは第一次世界大戦の終戦時に

(一) 日本という国家の成立には謎が多い。よく知られている歴史書に『古事記』（七一二年成立）と勅撰の歴史書『日本書紀』（七二〇年成立）の二冊がある。しかし、両者とも神が国土を造成した神話から書き出されている。太平洋戦争終戦前はこの神話が歴史教育の主流であった。いまだれでも知っている『魏志倭人伝』（中国魏国の正史）のことやそこに出てくる有名な邪馬台国の女王卑弥呼が二三九年に魏国に朝貢したこともまったく秘匿されていた。

ポーランドの医師ヒルシュフェルト夫妻によって提案された生物化学的人種指数が起因になっているのである。日本の医学界も軍部も長い間Ｂ型問題の次にこの指数に振り回されることになるのである。

生物化学的人種指数

Ｂ型問題の次に軍医たちを悩ましたものは、前述のヒルシュフェルト夫妻の生物化学的人種指数である。この指数はある人種（もちろんサンプルであるが）におけるＡ型％、Ｂ型％、AB型％を用いて算出するのである。

ヒルシュフェルト夫妻は一九一九年、第一次世界大戦の終戦によってギリシアのサロニカに集結した多くの国の兵士の血液型を調査している。人種ごとにＡＢＯ式四群の血液型の出現率に興味を持っていたからである。この指数が出現率だけの調査に終わることなくヨーロッパ型、アジア・アフリカ型、それらの中間型という名称が日本人、特に軍医たちに

表２　生物化学的人種指数の３型一覧

		調査人数	Ａ型	Ｂ型	ＡＢ型	人種指数	Ｏ型
ヨーロッパ型	イギリス人	500	43.4	7.2	3.1	4.51	46.3
	ドイツ人	500	43.0	12.0	5.0	2.82	40.0
	フランス人	500	42.6	11.2	3.0	3.21	43.2
	ベルギー人	1,071	41.8	7.1	3.2	4.37	43.7
中間型	日本人	20,297	38.2	21.2	9.6	1.55	31.0
	トルコ人	500	38.0	18.6	6.6	1.77	36.8
	アラビア人	500	32.4	19.0	5.0	1.56	43.6
	ロシア人	2,107	38.4	21.3	5.7	1.63	34.6
アジア・アフリカ型	中国人	4,428	31.4	27.3	8.7	1.11	32.6
	朝鮮人	1,127	33.3	31.1	9.8	1.05	25.8
	インド人	1,000	19.0	41.2	8.5	0.55	31.3
	安南人	500	22.4	28.4	7.2	0.83	42.0

ショックを与えることになるのである。生物化学的人種指数（一）算出の公式は次のとおりである。

$$生物化学的人種指数 = \frac{A\% + AB\%}{B\% + AB\%}$$

人種指数が二・〇〇以上になればヨーロッパ型、一・三〇以下になればアジア・アフリカ型、その間に入れば中間型ということになる。軍医たちは日本人をヨーロッパ型にしたかったのである。この人種指数に関連した海軍の研究をあげてみよう。

練習艦隊における血液型研究

練習艦隊とは海軍兵学校（二）の卒業生（少尉候補生）の卒業記念の大航海で艦隊練習といったほうがわかりやすい。矢田部軍医たちは軍艦「八雲」（三）（一九〇〇年代の初頭に活躍した中古軍艦）に同乗して出航している。興味深いことにこの航海における軍医たちの作業課題が「血液型」であったのである。かれらの研究成果は一九三二年の『海軍軍医会雑誌』二一巻一号に「軍艦『八雲』乗員ノ血液型ニ就テ」として発表されているが、長期間の研究としては首を傾げて

（一）　生物化学的人種指数の原語はドイツ語のバイオケミッシェラッセンインデックス（Biochemischer Rassenindex）であるがいろいろな訳が見られる。ここでは古川竹二にしたがって生物化学的人種指数としておこう。

（二）　海軍兵学校は広島湾内の江田島にあった。現在でもそれに類する海上自衛隊の教育施設がある。

（三）　軍艦「八雲」はイギリスのアームスーロング社製。排水量が九、八〇〇トン、全長一二一メートル。次ページにあるシルエットは戦艦「大和」（排水量六五、〇〇〇トン、全長二六三メートル）と比較したものである。

しまう。目立っているものを抽出すると、少尉候補生五八人中、A型四四・八%、B型一〇・四%、O型二七・六%、AB型一七・二%で人種指数は二・二五となりヨーロッパ型が誕生している。かれらは意外にもこの件についてなんのコメントもしていない。どうしてだろうか。

日本（正確にいえば大日本帝国であるが）の陸海軍の軍医たちは当時の学術水準のせいもあったのか、これは――というような研究を遺していない。

血液型個性研究は長い歴史をたどって原来復にたどりつき、陸海軍の軍医たちによって富国強兵のために活用されたが、おかしなことに原来復のことが参考文献にも表われていないのである。それで済む時代だったのかもしれない。

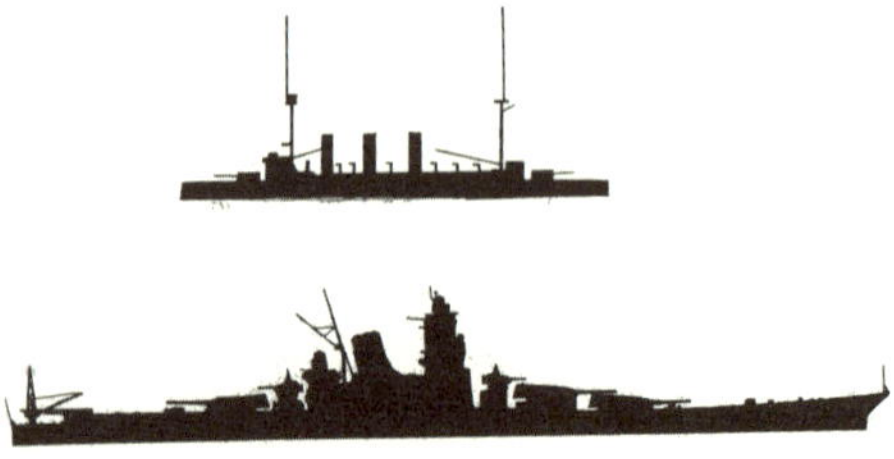

図14　同縮尺にした「八雲」（上）と「大和」（下）

第2章　古川竹二の血液型気質相関説（一）

ＡＢＯ式四群の血液型と人間の個性とを関連させた最初の人は、意外にも日本の医師であった。原来復である。彼が一九一六年五月三一日、『信濃毎日新聞』の記者に語ったこと、それから『医事新聞』九五四号（一九一六年七月二五日付）に小林栄と連名で発表した論文が端緒になる（前述）。しかし、この研究はそれだけで終わったようである。

古川竹二の洞察

古川はあるとき（おそらく大正時代の末であろう）、血族の日常行動についてのなにげない観察を積み重ねていたところ面白いことに気づくのである。それは、Ａ型の人はパスィヴ（受動的）でＢ型とＯ型の人はアクティヴ（能動的）である――ということに気づいたのである。AB型は血族のなかにいなかったので触れられていない。

（一）古川竹二は現在の長崎市（旧・琴海町）の医家に生まれる。同胞は七人。男児三人中の次男。兄と弟は二人とも医師になっている。竹二は軽い聴覚障害があったそうである。

血液型気質相関説とは古川が名づけたものではない。命名者は不明である。

図15　古川竹二
（1891〜1940）

古川はどうして突然血液型に眼をつけたのであろうか。彼が東京帝国大学文科大学哲学科教育学専攻を卒業したおりの卒業論文は「独逸ノ普通教育ニ於ケル宗教科ノ沿革」で血液型とはほど遠いものである。卒業後、大学院に進学した。そのときの研究課題は教育史で、特に女子教育についてのものであったという。

古川の血液型個性研究がいつ始まったかは判然としていないが、彼が『教育思潮研究』の創刊号（一九二七年一〇月刊）所載の論文「血液型による気質及び民族性の研究」の冒頭に「この研究は私が本年の初め頃から学校の放課後少しずつ実験して居ましたもので――」と書いている。そこで古川の血液型気質相関説は一九二七年の初頭に始まったとみていいと思う。しかし、そのモチベーションになったものはなんだろう。私は古川竹二の医学領域への憧憬だと思われてならない（一）。家は医家、男子三人きょうだい中、兄と弟が医師で自分一人が軽い聴覚障害とやらで医師への進路が阻まれてしまった――としたら青年竹二はどんな気持ちだったか。容易に想像できると思う。

（一）古川のきょうだいと彼の聴覚障害についてはすでに触れている。松田薫によれば、古川家の先祖は肥前大村藩（日本初の切支丹大名大村純忠で有名）の医師古川春斎である。父親は医師の古川万太郎。三人きょうだい中、兄は精一、弟は清、ともに医師である。きょうだい中女子は四人、彼女たちは医師ではない。

私は古川の血液型への傾倒は医師になれなかった欲求不満の代償行動にほかならないと思う。代償行動とは本来の目標が獲得できない場合、その代わりに他の目標を獲得しようとする適応行動である。(一) 古川はその代償として血液型を求めたのである。

古川はその初期の論文『心理学研究』二巻四輯「血液型による気質の研究」(一九二七年八月刊)には参考文献を載せていない。しかし、彼の二番目の論文には参考文献のうちに古畑種基たちの研究を載せている。(二)

この時代における血液型研究の第一人者は当時三四歳だった古畑種基(三)であった。古川と古畑は偶然同い年であったが血液型の研究については古川はまったくの素人で古畑はすでに国内外に著名な学者であった。二人はのちに接触することになるが共同研究をするようなスタンスにはならなかった。

図16　古畑種基（1891～1975）
木村しゅうじ画、『科学朝日』1987年７月号の溝口元の論文から。

古川竹二の自省表の作成

古川がA型の人は受動的でB型とO型の人は能動的であることに気づいたことはすでに触れている。

(一)　代償行動の目標が最初の目標に類似していればいるほど自我は脆弱化するといわれている。医師になれなかったので看護師になる。これは自我を脆弱化させてしまう。医師になれなかったので弁護士になろうとするのは自我を再強化する方途であろう。代償の新目標は原目標に類似していないほうが自我の強化にとって的確な適応行動なのである。

(二)　前ページで触れている『教育思潮研究』の創刊号（一九二七年一〇月刊）掲載の論文のことである。その参考論文のなかに次のものがある。古畑・市田・岸：日本学術協会（現在の日本学術会議の前身）報告第一巻（一九二五年）。

(三)　古畑和孝編『追想　古畑種基』（珠真書房一九七六年）は古畑種基についての重厚な追想記である。

科　年
姓名

オ願ヒ

左ノA組トP組トヲ読《ママ》デ自分ガ属シテイルト思ハレル組ニ○ヲオツケ下サイ
若シ他ノ組ニモ当ツテルノガアツタラ、ソノ事項ダケニ○ヲオツケ下サイ

A組（Active）
一、物事ヲ苦ニシナイ方《ホウ》
二、事ヲ決スル時躊躇《チユウチヨ》シナイ方
三、恥カシガリヤデナイ方
四、人ノ前ニ出ルノヲ苦ニシナイ方
五、引込思案デナイ方
六、進ンデ人ト交ル方
七、自動的ノ方
八、他人ニ動カサレナイ方
九、自分ノ考ヘヲ枉《マ》ゲナイ方
十、意地ツ張リノ方

P組（Passive）
一、心配性ノ方
二、事ヲ決スル時迷フ方
三、恥カシガリヤノ方
四、人ノ前ニ出ル事ヲ苦ニスル方
五、引込思案ノ方
六、進ンデハ人ト交ラナイ方
七、他動的ノ方
八、他人ニ動カサルル方
九、自分ノ考ヘヲ直グ枉《マ》ゲル方
十、意地ツ張リデナイ方

（注）振り仮名を付けた文字があるが、実際には振り仮名は付いていない。ただ「方」という字に対しては「ハウ」と読むための振り仮名がある。ここでは「ホウ」としておいた。

図17　古川竹二の自省表（第1案）(二)

姓名　　年齢　　歳

左ノい組トろ組トヲ矢ノ方向ニ読ンデ自分ガ属シテ居ルト思ハレル組ニ（○）ヲオツケ下サイ。
若シ他ノ組ニモ特ニ当ツテルノガアツタラ、ソノ事項ダケニ○ヲオツケ下サイ。

←（　）い組
一、物事ヲ苦ニシナイ方
二、諦《アキラメ》ガ早イ方
三、人ノ前ニ出ルノヲ大シテ苦ニシナイ方
四、引込思案デナイ方
五、事ヲ決スル時躊躇《チユウチヨ》シナイ方
六、陽性ノ方
七、ヨク人ト交ル方
八、キカヌ気ノ方
九、他カラノ刺戟《シゲキ》ニ動カサレナイ方
一〇、自分ヲ枉《マ》ゲナイ方
一一、粘バリ強イ方（意志ガ強イ方）

←（　）ろ組
一、オトナシイ方
二、取越苦労ヲスル方
三、諦《アキラメ》ガ遅イ方
四、人ノ前ニ出ルノヲ苦ニスル方
五、引込思案ノ方
六、事ヲ決スル時迷フ方
七、内気ナ方
八、感ジ易イ方
九、他カラノ刺戟《シゲキ》ニ動カサレ易イ方
一〇、自分ヲ強クハ主張シナイ方
一一、粘パリ強クハナイ方

図18　古川竹二の自省表（第2案）（1928年使用）(三)

(一)　この第1案は一九二五年（大正一四年）ごろ作成されたものである。大正から昭和に改元されたのは一九二六年一二月二五日大正天皇崩御、翌日から元号は昭和になる。昭和元年はたった六日間ということである。

(二)　能動的（アクティヴ）とか受動的（パスィヴ）というと価値的に受け取られてしまう。古川はそれを懸念してい組とろ組に改めたのである。

なお、外向型と内向型も価値的に受け取られがちである。主唱者のユングの考え方とはまったく異なった解釈が横行している。質問紙による向性の判定はアメリカ的な向性観で、ユングの向性観とは大きくかけはなれている。

古川はここで軍医たちがまったく気づかなかったこと、自省表という質問紙を作成したのである。これはわが国最初の心理学的質問紙といえよう。

この自省表がもとになって古川の血液型個性研究は大きな発展をすることになるのである。

古川竹二は画期的な方法によって血液型と気質の関連を追求しようとしたのだが、結果はどうなったのか。

まず、古川が作成した自省表の基本的課題であるB型とO型の人は能動的でA型の人は受動的である――ということを検討する必要がある。能動的な人は積極的で進取的、受動的な人は消極的で保守的ということであるが、古川の調査結果はどうだったか。（一）図19に示した二つの円グラフは古川の洞察（仮説）ど

（一）この結果については疑問もあるがこのようなかたちで発表されたら信用するほかはない。私が同じ方法で調査した結果はまったく異なっていた。図20の右図（図19の上図に対応）と左図（図19の下図に対応）に示した結果を参照してほしい。

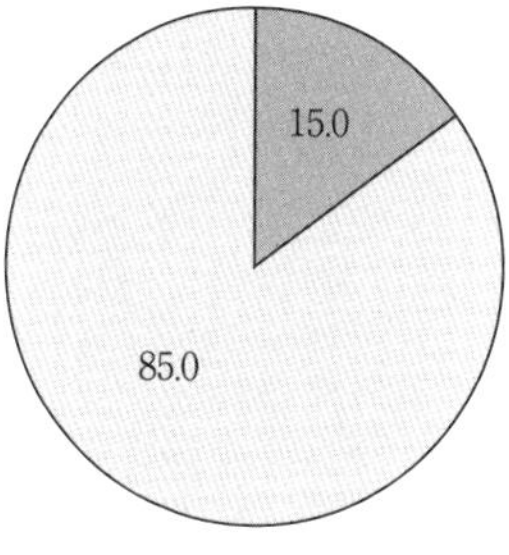

図19　（上図）
Ｂ型・Ｏ型160人中136人（85.0％）は能動的であった。

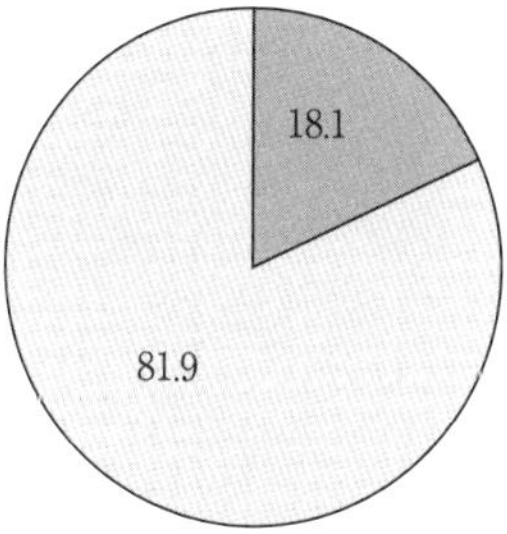

図19　（下図）
Ａ型・ＡＢ型149人中122人（81.9％）は受動的であった。

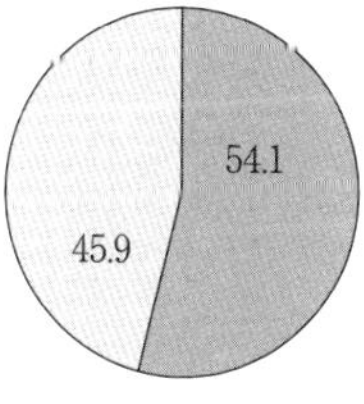

図20　（左図）
Ａ型・AB型518人中238人（45.9％）は受動的。

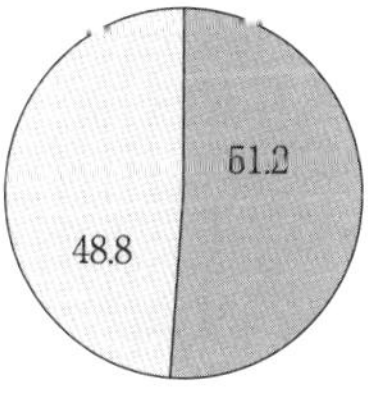

図20　（右図）
Ｂ型・Ｏ型564人中275人（48.8％）は能動的。

おりになっているのだ。図19の上図はB型・O型一六〇人中の一三六人（八五・〇％）が能動的で、下図はA型・AB型一四九人中の一二二人（八一・九％）が受動的であることを示している。おどろくべき結果である。

血液型気質相関説の誕生

古川はこの第2案を用いて東京女子高等師範学校（一）の生徒や学校の教職員など多数の人たちを検査した結果、非常に興味深い事実が見出されたのである。（二）

A型の人　図18のろ組（受動的）の㈠から㈦までの七項目が特徴である。

すなわち、㈠おとなしいほう。㈡取越苦労をするほう。㈢諦《あきらめ》が遅いほう。㈣人の前に出るのを苦にするほう。㈤引込思案のほう。㈥事を決するとき迷うほう。㈦内気なほう――の七項目である。

これら七項目に関するA型の人の一致率は七九・〇％であるという。

B型の人　図18のい組（能動的）の㈠から㈦までの七項目が特徴である。

すなわち、㈠物事を苦にしないほう。㈡諦《あきらめ》が早いほう。㈢人の前に出るのをたいして苦にしないほう。㈣引込思案でないほう。㈤事を決するとき躊躇《ちゅうちょ》（決心がつかないでグズグズ）しないほう。㈥陽性のほう。㈦よく人と交わるほう――の七項目である。

（一）　現在は、師範学校・高等師範学校は存在しないが、太平洋戦争終戦前は国家が小学校・高等小学校・中学校（男子）・女学校などの教員を養成していた。女子高等師範学校は東京と奈良に在った。両校とも「超狭き門」である。東京の例をあげると次のとおりである。

一九二四年度　二二倍（大正）
一九二五年度　一八倍
一九二六年度　一八倍（昭和）
一九二七年度　二〇倍
一九二八年度　一六倍
一九二九年度　一五倍
一九三〇年度　一九倍

といった状況であったという。現在でもお茶の水女子大学は東京大学並みの超狭き門である。

（二）　原文と文字上の表現は異にしている。現代の若い人たちに理解できそうもない部分には括弧で注釈をつけておくことにした。

これら七項目に関するB型の人の一致率は六二・三%であるという。

O型の人　図18のい組（能動的）の(八)から(一一)までの四項目が特徴である。すなわち、(八)利《き》かぬ気（勝気）のほう。(九)他からの刺戟（刺激）に動かされないほう。(一〇)自分を枉《ま》（曲）げないほう。(一一)粘ばり強いほう・意志が強いほう――の四項目である。

これら四項目に関するO型の人の一致率は八三・三%であるという。

AB型の人　外面は能動的（い組）で、内省は受動的（ろ組）であるという。この一致率は八四・〇%であるという(一一)。

A型、B型、O型それぞれの一致率は、項目ごとでない点おおまかすぎて不満である。なお、古川は陸軍の兵士にも自省表を実施している。A型一四二人、B型五五人、O型一一八人、AB型二八人、合計三四三人である。これらの人たちは他の集団とは特殊なので、作為的と思われる回答（自省）が見られるのは兵士らしいところであろうか。兵士はどうもA型的な受動的（消極的）を回避するようである(一二)。

古川竹二のコメント

古川は本人の血液型と自省表の回答が一〇〇%の一致をみない原因として、

(一一)　表面と裏面が異なるので「二重人格」というとんでもない風説が飛びまわることになってしまう。最近、心理学や精神医学の専門用語が安易にマスメディアで使われ誤解されることが多い。
　なお、一致率の計算に用いられた調査人数は、A型三四七人、B型一九九人、O型二六四人、AB型七五人である。調査対象は、東京女子高等師範学校の生徒・卒業生・教職員・古川の知人などである。

(一二)　兵士たちにおける一致率は、A型三一・〇%、B型七八・二%、O型七四・六%、AB型七八・六%になっている。一般の人たちについての統計ではA型の一致率が七九・〇%なのに兵士ではA型の一致率が三一・〇%と非常に低い。これに対してO型に関する一致率は八二・二%対七四・六%と大差がない。価値的判断か。

年齢（加齢）・境遇・教育などの要因と不純型の存在をあげている。不純型とはＡ（Ｏ）型とＢ（Ｏ）型のことである。さらに古川は三〇歳未満の人は「疾風怒濤の時代（感情的な混乱期で一般に青年期を意味する）にあるため内省が困難であるという人が多く、Ｂ型に特に多い」と指摘している。Ｂ型の人は刺激に動かされやすいからだという。古川は三〇歳を越えないと自分の本来の気質に素直になれないといっている。この件《くだり》を原文に拠ると次のとおりである。「約三〇歳に達すると人の性格も固定してくるので、各人が自分の本来の気質を知ることができるし、それとともにそれを発表することにおいても率直になる」（一）

古川は血液型気質四群を見出したが、図21を参照すると性格という外郭の下に気質と呼ばれる土台があることになる。（二）古川はこの気質がＡＢＯABという四群の血液型によって決定されるという。ここでどうしても触れなければならないことがある。それは心理学のテクニカル・タームのことである。この件については多くの見解があるが、焦点を気質と性格にしぼることにしよう。

気質　気質（テンペラメント）とは個人の感情的特徴のベースになるあるものに心理学？がつけた名称である。心理学の辞書よりも最新の『新明解国語辞典』のほうが面白いので引用してみよう。気質とは「㈠先天的な体質に関係

（一）古川竹二　気質ノ血液型ニヨル研究　社会医学雑誌　五〇四号　一九二九年。

（二）このような考え方を層理論というが、気質や性格を考察するうえに便利である。図21参照。

のある感情・性質の型。→多血質・胆汁質・粘液質・憂鬱質（一）。㈡かたぎ」となっている。気質という概念については――四気質のことは別にして――サイコロジストも異論をさしはさむことはないと思う。しかし、性格、人格、あるいはパーソナリティということばになると面倒である。再び『新明解国語辞典』にもどってみよう。

性格　性格とは「物の考え方・感じ方や行動によって特徴づけられるその人独特の性質（独特の傾向）」。国語辞典における解説はこれでもかまわない。古川は図21のように簡潔におさめている（二）。しかし、性格という語は英語のキャラクタ、ドイツ語のカラクテルの訳として使われているが、この二語の持つ意味は同一とはいえない（三）。

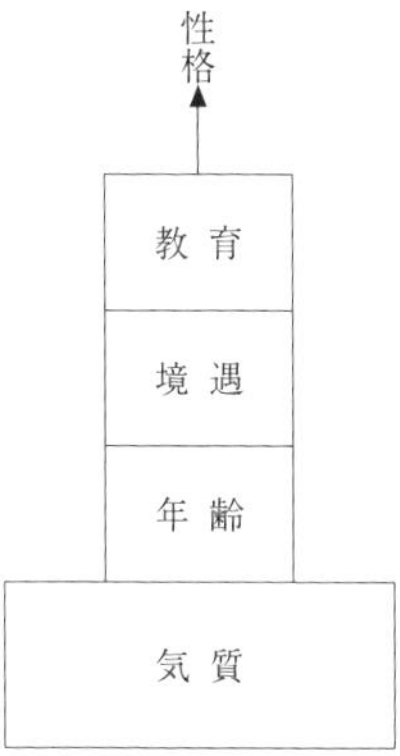

図21　古川竹二の気質・性格観

古川は触れていないが、人格とパーソナリティについて触れておこう。

人格　『新明解』から引用してみよう。㈠その人の物の考え方や行動の上に反映する、人間としてのありかた（好ましいか、好まし

（一）多血質・胆汁質・粘液質・憂鬱質については「ヒポクラテス以来行なわれてきた気質の四分類」と解説している。

（二）古川は図21をさらにまとめて気質が修養によって性格に変容するとしている。この件は『血液型と気質』二一〇ページの記述による。なお、図21は前掲書の四ページから転載している。

（三）米国でキャラクタというと道徳性という意味を多分に含んでいる。一九九二年一一月「日本性格心理学会」が発足した。英語名にはキャラクタを用いないでパーソナリティを用いている。キャラクタを用いると道徳性研究会のように思われてしまうからである。この学会は二〇〇四年九月、一三回大会時に「日本パーソナリティ心理学会」と改称するにいたった。ドイツ語のカラクテルの意味はわが国でいう性格に近く、米国のキャラクタとは違いようである。

くないかという観点から見たもの）。㈢能力と自覚を備えた一人前の人間として認められること。また、その存在。国語辞典においては性格と違って価値的なニュアンスを含んでいる。

パーソナリティ　『新明解』は次のように記述している。〔personality＝人格〕〔ラジオで〕音楽番組などの担当者――としている。どうしてラジオやテレビなどの音楽番組としなかったのであろうか。『新明解』はこのことばについてはスマートに流している。深みにはまらないところがうまいと思う（一）。このことばは性格と同義語とされ、学術誌にも頻繁に現われている。このテクニカルタームを研究者それぞれが同じ意味で使っているとは限らない、それでも通用しているから心理学は不思議といえば不思議な科学である。米国の心理学の論文のなかに「モンキー（有尾猿類）のパーソナリティ」とか、「オクトパスのパーソナリティ」という題名の論文がある。G・W・オルポートは次のように書いている（二）。「動物はパーソナリティを持つかという質問があるかもしれないが、その答は慎重な〝イエス〟である。動物は確かに独自な活動を起こさせるところの遺伝的・学習的な精神身体的体系の萌芽的なかたちを持っている。しかし、それを認めたからといってたいした意味はない。私は人間以下の脊椎動物のいかなる二種をとってもその間の差は二人の人間の間の差ほど大きくはないと断

（一）　personalityを人格と訳したのは明治時代の哲学者井上哲次郎である。ただ彼は最初は人品と訳していた。

（二）　パーソナリティのドイツ語はペルゼンリッヒカイト（Persönlichkeit）である。性格の変化のことをパーソナリティ・チェンジというが、ドイツ語にするとペルゼンリッヒカイツフェレンデルンク（Persönlichkeitsveränderung）になるが二語の意味はまったく異なっている。前者はアメリカの東部にいた内気な人が西部に移住したらとたんに明朗快活な人になった――というような場合で、後者は精神科に入院しなければならないような変化を意味している。

言する」というのである。（一）

オクトパスのような軟体動物は別としてエイプ（無尾猿類）やモンキーにもなるとオルポートの意見に対する反論が出てくるのではないだろうか。

それにしてもパーソナリティということばを人間以外に使うのはどうかと思う。特定の名詞を語幹にしてそれに**al**を付けて形容詞にし、その語尾に性質を表わす**ity**を付ければ済むことではないだろうか。例えば**catality**とか**dogality**などである。どうだろうか。

ヴォルテールはかく語りき

一八世紀のフランスの文化人として有名なヴォルテール（本名：フランソワ・

図22　G・W・オルポート
（1897〜1967）

図23　ヴォルテール
（1694〜1778）

（一）　このオルポートの意見は、今田恵監訳　星野・入谷・今田寛訳『人格心理学上巻』（誠信書房一九六八年刊）参照。私は人間以下の脊椎動物のいかなる二種をとってもその間の差は二人の人間と同じく大きい——と思っている。

渡邊徹はその著『人格論』（精美堂一九一二年刊）には、犬格とか猫格とかいう概念があってもいいのではないかといっている。

マリ・アルエ（一）は厳しいことばを遺している。

「私（ヴォルテール）と話をしたいのなら、君はまず用語を定義しなければならない」（二）

概念を規定することは非常にむずかしい。特に心理学のような構成概念の科学における論争はとかくタウトロジー（三）に陥りがちである。血液型と個性に関する論争も個性側のいくつかの概念（気質・キャラクタ・カラクテル・パーソナリティ・ペルゼンリッヒカイトなど）やそれらの測定法も渾沌としている。

児童の血液型判定事件

古川竹二は性格のベースである気質は血液型によって決定される――と考えて四三ページの図21を描いている。生来的な気質が年齢・境遇・教育の影響を受けて性格が形成される――と古川は解説している。古川はこの性格ということばを、英語のキャラクタ、ドイツ語のカラクテルの訳語として用いている。現代流行っているパーソナリティということばは彼の論文には現われていない。

気質から性格への変容

ここでは気質から性格への変容について図24にしたがって記述していこう。
図24(1)：黒胆汁質的な気質が年齢・境遇・教育によっても変わらないでその

（一）ヴォルテール（一六九四～一七七八）は劇作家としても著名な人物であった。信教と言論の自由を主張していた。フランス大革命の勃発（一七八九年）直前に病没した。

（二）このヴォルテールのことばは、G・W・オルポート著・今田恵監訳の前掲書参照。オルポートは米国のサイコロジストとしては珍しく英書以外の文献（独仏）もこなしている。

（三）AはAである――というように同じ意味のことばを手を変え科《しな》を替えてただ繰り返しているだけの論争（tautology）のこと。

まま性格として発達する。憂鬱気味なネクラな個性が現われる。

図24(2)：粘液質的な気質が年齢・境遇・教育によってまったく違った性格が現われてくる。落着きのなさが消えて妙にナーバスになっていた。

図24(3)：胆汁質的な気質が年齢・境遇・教育によって短気さが消え落着いた人間像が浮揚してくる。

図24(4)：多血質的な陽気な気質が年齢・境遇・教育によってネクラな性格に一変する。なにがあったのだろうか(一)。

これら四件のケースの気質を掘り起こすにはどうしたらよいのだろうか。

そこで血液型との関連を引き出そうとするならば性格では手遅れで、早期に気質を把握しなければならない。気質が加齢や環境的因子によって汚染されないうちに——というわけである。しかし、乳幼児では内省できない。詰まるところ小学校の児童、それも五、六年あたり——ということになる。

古川の児童研究阻止される（一九二八年）

古川は昭和三年六月に小石川窪町小学校（現在の東京ドーム球場付近）の校長の承諾を得て児童の血液型調査に乗り出している。校長が児童の保護者に配布した書面を現代文にすると次のとおりである。

「（前略）腹立ちやすいとか、同情心が強いとか、飽きやすいとか、粘り強い

（一）図24の(1)から(4)までの図の説明に四気質が使われているが、気質から性格への変容の見本として便宜的に用いただけで、四気質にこだわっているわけではない。内部が気質、外側が性格を表わしている。

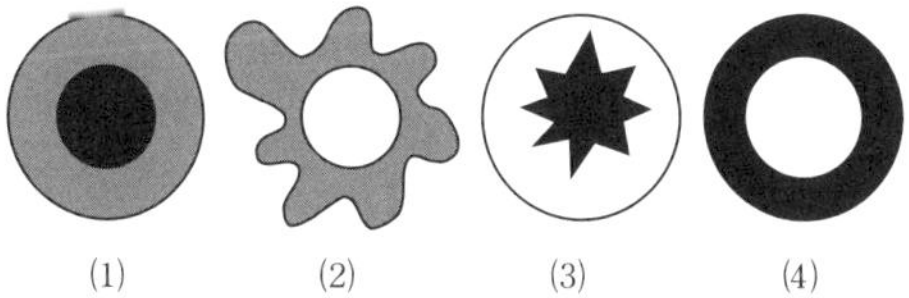

図24　気質と性格の関係はこうなるのではないか

とかいうような感情・意志の方面は的確に知ることができなかったが、古川氏は自分の専門の心理学と医学的方面とを合理的に統合し、個人の気質を判定する方法を発見した。現在、これは世界の学界に報告されている（後略）」

この保護者宛の書面が児童の保護者の反発をかい、新聞も大々的に報道する。（一）『東京朝日新聞』には「児童の気質調べに奇怪な血液検査、小石川窪町小学校の保護者から厳重な抗議申し込み」「あやふやな学理　児童教育上にも保健上にも由々しい大問題」「校長からの通知書、各保護者へ」と大きな活字が躍る。『読売新聞』（図25）にも「血液による気質検査、果然中止を命ぜらる」「学界からは一顧だにされぬ方法で児童を試みた小石川窪町小学校長　父兄も憤慨して抗議」と大きな活字を躍らせている。わが国の大衆はここで初めて「血液型」を知ることになるのである。

この児童の血液型判定事件に対して東京市衛生試験所のI技師は次のようなコメントをしている。昭和の初期における、いや現代にも通じるモデル的人間観である。

「どんな試薬を用いたかわからないが、現代の医学では血液を検査して個人の感情を測定する方法は絶対にない。日本の医学界にも提出されたこともなく、世界の学界でも問題になっていない。古川君がどういう学

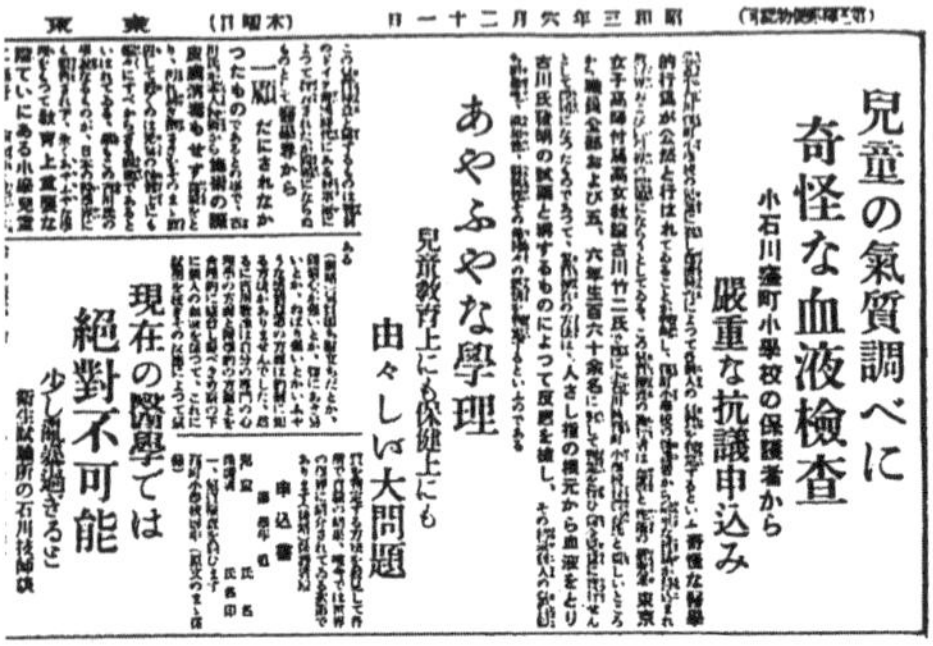
兒童の氣質調べに
奇怪な血液檢査
小石川窪町小學校の保護者から
嚴重な抗議申込み
あやふやな學理
兒童教育上にも保健上にも
由々しい大問題
現在の醫學では
絶對不可能

（一）当時の事情を報じる『東京朝日新聞』。

理を持っているか知らないが、学界にも報告しないで直ちに検査をするというのは少し乱暴すぎると思う」。I技師のコメントは非常に厳しい。この人は一九一六年（大正五年）五月三一日付の『信濃毎日新聞』も同年七月二五日付の『医事新聞』も見ているとは思えない。そんな時代なのである。

東京市のF教育局次長は次のような談話を発表している。

「いま、小石川窪町小学校の保護者から教育局では了解しているのかという問合わせがあって、初めて（血液型検査のことを）知った。学界の定説でないものを気質検査として実施したことは困ったことである。校長を呼んで中止するように命じたところである」

血液による「氣質檢査」
果然中止を命ぜらる
學界からは一顧だにされぬ方法で
兒童を試みた小石川窪町小學校長
父兄も憤慨して抗議
事情次第で處置する
藤井局長の談
絶對に不可能
諒解を得て

図25　当時の事情を報じる新聞（1928年６月21日付『読売新聞』）

警視庁も古川を批判するスタンスをとって、次のような見解を発表している。

「そういうことは初耳である。この血液検査ということも自分の研究の範囲を超えて、その結果が

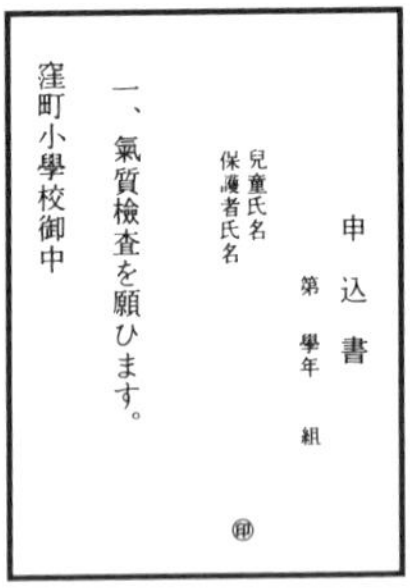
申込書
第　學年　組
兒童氏名
保護者氏名　㊞
一、氣質檢査を願ひます。
窪町小學校御中

図26　血液型気質申込書(一)

診断的にわたるようなことがあれば、それは医師法違反になってしまう。その目的いかんによっては警視庁でも取調べを行なうかもしれない」

このような揉め事があって小石川窪町小学校における調査はついに中止になってしまう。校長は「子どもの気質について表面的ではなく科学的な判断方法があればそれに待つことが正しいと思う」として世論に屈してしまっている。この新聞記事のすぐそばにノルウェーの探検家アムンゼン(二)が北極で遭難したらしい――という記事が見られる。古川学説も危機に陥ったのである。

古川は方向転換を余儀なくされてしまうのであるが、もしも小石川窪町小学校における研究が進捗していたらどうなっただろうか。古川は確かに欲求不満に陥ったが、その代りに大きな収穫を得ている。それまで大衆に無縁の「血液型」が大衆に身近なものになってきたのである。

それとともに古川に対する評価も好転することになる。その契機になったのは文部省の学校衛生官だった大西永次郎の論文「血液検査による気質研究の要旨」である。この論文は『医事公論』の八三三号（一九二八年）に掲載されて

(一)　図26は当時使用された血液型気質検査申込書を複製したものである。

(二)　アムンゼン（R. Amundsen）、一九一一年に南極点到達、一九二六年に飛行船で北極点通過、その後水上機でノビレ探検隊を捜索中に遭難してしまう。

いるが、ちょうどそのころドイツの有名な応用心理学（アンゲヴァンテ・プシヘロギ）の雑誌に古川の「実験的血液型研究によって判明する気質の研究」(一)が掲載されることになる。大西は前述の論文で次のように述べている。すなわち「（古川）氏ガ研究ノ動機ハ全ク真理ヲ愛スル学者的良心ノ発露デアリ、ソノ研究ノ方法ハ全ク科学的デアッテ（中略）世界ノ学界ニ一大革命ヲ惹起セントスル驚異的発見」と激賞している。

この大西のバックにいたのが文部省（現在の文部科学省の前身）の官僚松尾長造である。(二)松尾は古川とは中学校・旧制高校・大学を通しての親友である。そういう人脈もあってのことか、この血液型判定事件はいつのまにか鎮静してしまった。

図27　クレッチマー
（1888～1964）

松尾長造の古川竹二人物評

古川は六分通り怒ることはあっても十二分に憤慨することのない人だという。松尾は、古川は発揚性気質の興奮とは縁遠い、もの静かな人ということができるといい、さらに古川の内省的な本性から教育学よりも心理学のほうが性に合って

（一）この論文は一九二八年の三一巻、一七一～二九九ページにわたっている。

（二）松尾は長崎中学校、第五高等学校、東京帝国大学文科大学──と奇しくも同窓であった。古川は教育学専攻へ、松尾は心理学に進むことになる。松尾は晩年東京九段の二松学舎大学で教鞭を執っていた。私も一九五〇年から数年同大学で教鞭を執っていたのでもしかするとお会いしていたのかもしれない（一八九一年生、没年不明）。

図28　昭和初期の古川竹二の講演会（大阪）

いる——と付け加えている。

松尾はクレッチマーのいう循環性性格者を脳裏に描いていたものと思われる(一)。松尾は古川の研究の初期に「古臭い体液生理学みたいなことはよせ」といったら古川は微笑しながら「そういったものでもない」と応じたそうである。松尾はそのときの古川の顔が忘れられないと書いている(二)。松尾は古川の没後三五忌にこの原稿を書いている。

古畑種基の述懐

古川と同時代に血液型研究で世界的な日本人がいた。金沢医科大学（現金沢大学医学部）の教授古畑種基である。この二人は奇しくも一八九一年（明治二四年）生まれである(三)。古畑は古川の血液型気質相関説に対して次のように論評している（『日本学校衛生』一九二七年一〇月号）。古川にとっては百万の援軍である。

すなわち、「欧米ニ於イテモ未ダ何人モ手ヲ染メナカッタ気質ノ研究ニ応用セントシタ古川氏ノ着眼ハ誠ニ非凡デアリ、氏ノ卓見ハ頗ル傾聴ニ値スルモノ

(一)　ドイツの精神医学者。体格（ケルペルバウ）と性格（カラクテル）に関する有名な著述がある。クレッチマーによるとこの循環性性格者には次の五類型が存在するという。
(a)陽気なおしゃべり屋。
(b)もの静かなユーモリスト。
(c)落着いた善良人。
(d)のんきな遊び人。
(e)精力的な実際家。

(二)　古川竹二君の追憶　心理学研究一五巻二輯所載。

(三)　古畑種基は一八九一年六月一五日生で、古川竹二は同年一二月一日生であった。同い年なのである。

デアル」と期待をこめた文脈である。

古川は自信を得て一九二八年（昭和三年）九月、東北帝国大学法医学教室で開催された日本法医学会第一三次総会において「血液型による気質の研究」を発表している。古川によればこの発表は古畑のすすめによるものだそうである。

当時のマスコミは東京市の役人とともに古川バッシングをしたが、古畑の回想（『騎兵月報』第五号、一九二九年五月刊所載）によると報道内容に大きなズレがあったという。古畑は次のように『東京日日新聞』の記者に語っている（一）。「抗議を申し込んだ父兄（現在は保護者という）はなく、かえって児童の教育上大いに参考になると、その研究継続を希望した人が多いとのことである。しかし、古川氏は誤解を招くことを虞れ一時調査を見あわせたにすぎない」と。

（一）　古畑の談話と東京市の役人たちの談話（新聞記者を通しての）とは大きくズレている。小石川窪町小学校における児童の血液型判定事件は結局マスコミの報道騒ぎといったかたちで終わってしまう。

第3章　血液型と富国強兵政策（一）

「富国強兵」（二）ということばがある。明治・大正・昭和三代を通して流行ったことばである。『新明解国語辞典』には載っていないだろう——と思ったがためしに引いてみたら——載っていた。「国の経済力を豊かにし、強い軍隊（三）を持って他国に対抗すること」だそうである。現代の多くの若者には縁遠いことばだと思う。しかし、過去三代の政治家や軍人は魔法にかけられたようにこの四文字に夢中になっていた。この夢中のパワーになったのが古川の血液型気質相関説なのである。

日本の軍隊で血液型と兵士の個性との関連が研究され始めたのは一九二〇年代である。他国の軍隊にはまったく見られない出来事である。軍医たちは輸血の研究のほかに血液型による富国強兵に研究の手を伸ばしていったが、その成果ははかばかしいものではなかったのである（四）。しかし、古川の研究によって軍医たちの研究は一変してしまう。

（一）本書の二六ページには「大日本帝国陸海軍における血液型個性研究」という見出しがある。この第3章はその続編になる。

（二）福沢諭吉の『福翁自伝』にも出ていることばである。

（三）現在の自衛隊には陸・海・空の三軍の自衛隊があるが、一九四一年当時は日本も米国も陸軍と海軍とそれらに付属する航空隊があっただけであった。

（四）大正末期から昭和の初期にいたる軍医たちの研究は本書の二六～三四ページに記載されている。

古川学説と日本陸軍騎兵学校

かつての日本の陸軍には騎兵という兵科があった。乗馬して偵察や戦闘を行なう兵士で、司馬遼太郎の『坂の上の雲』の主人公秋山好古《よしふる》は日本騎兵の生みの親（一）で、日露戦争のおりロシア帝国のコサック騎兵を打ち破ったので有名であるが、太平洋戦争時には騎兵隊は戦車隊に代わっていた。

古川が児童の血液型判定が社会的風潮に圧倒されて頓挫し落胆していたときに、どうした機縁かはっきりしないが、日本陸軍の騎兵学校から誘いの声がかかってくる（二）。

騎兵科の将校と輜重科の将校

勇壮な騎兵の将校と忍耐力を必要とする輜重科の将校とは血液型の分布に差があるだろうか。そのあたりから「血液型と富国強兵」を考察していこう。輜重兵とは弾薬や食料を輸送することが専門の部隊である。現在の「クロネコヤマト」である。しかし、陸軍は輸送を軽視した。それに反して騎兵は派手で勇壮、現代的にいえば〝カッコいい〟軍隊なのである。

古川は騎兵科の将校にはO型がよく、輜重科の将校にはA型が合っているとしている。これは空論ではなく実際そのような事実が明らかになっているので

（一）　秋山好古（一八五九～一九三〇）、晩年陸軍大将になる。退役後、松山に帰郷し私立中学校（旧制）の校長になる。この人の実弟に日本海大海戦の連合艦隊（司令長官東郷平八郎）の参謀秋山真之《さねゆき》（一八六八～一九一八）がいる。不世出の作戦家と呼ばれた。のち海軍中将。俳人正岡子規（一八六七～一九〇二）の竹馬の友である。

（二）　松田薫によると古畑種基の影響だという。古畑は小学校事件当時の『東京日日新聞』に「我が国においても心ある連隊においては兵士の血液型を健康欄に記入し万一の場合に準備している所もある」と書いていたそうである。

表３　騎兵科将校と輜重科将校の比較（古川）

対　　象	A	B	O	AB	調査人数
騎兵科将校	24 (32.0)	19 (25.3)	28 (37.4)	4 (5.3)	75 (100.0)
輜重科将校	6 (60.0)	2 (20.0)	2 (20.0)	0 (0.0)	10 (100.0)
日本人	7,753 (38.2)	4,303 (21.2)	6,292 (31.0)	1,949 (9.6)	20,297 (100.0)

（注）（　）内の数値は％である。

ある。上の表３を見てほしい。騎兵科の将校の三七・四％はO型で、輜重科の将校の六〇・〇％はA型であるという結果はドラマチックである。しかし、輜重科の将校のサンプル数がわずかに一〇人とはおどろきである。これでは比較研究として適当ではない。

古川はこの研究を皮切りに陸軍における血液型研究を進捗させていく。彼は「気質ノ血液型ニヨル研究」（『社会医学雑誌』五〇四号、一九二九年）のなかで「陸軍某校ニ於ケル調査ノ結果」について触れている。古川は次のように記述している。

「私は今年（一九二八年）の夏、陸軍の某学校（騎兵学校のこと）において当局の深甚

図30　弾薬や食料を運搬する輜重兵

図29　広野を疾走する騎兵

表4　騎兵学校在学中の兵士の血液型（古川）

対　　象	A	B	O	AB	調査人数
騎兵学校生㈡（下士官候補生）	91 (45.5)	32 (16.0)	66 (33.0)	11 (5.5)	200 (100.0)
日本人の比率（古川）	38.2	21.2	31.0	9.6	100.0

なる好意により兵士約三〇〇余人の気質研究をすることができた。私はそのうち全国の連隊から選抜された兵士（下士官候補者㈠）二〇〇人の血液型分布に非常な興味を持ったのである」

古川は表4に示されているA型の四五・五％に注目している。日本人のA型の比率よりもかなり多いのである。古川は騎兵科の将校にはO型がよい――といっているのにここではA型が多いのである。もちろん、下士官は将校ではない。しかし、将校と兵士との中間にいる重要な地位である。将来、将校になる人がいるかもしれない。そういう下士官候補者になんとA型が多いのである。古川はO型が多いことを期待したのであるがそうはならなかった。騎兵学校の将校は次のように解説している。すなわち、「かれら（下士官候補生）は騎兵学校を卒業後にもとの連隊にもどって教官になる人であるから学術と技芸が優秀で、しかも素行が正しく服従心に富み従順、堅実なものが選ばれてい

㈠　下士官は、将校と兵士の間の階級である。二等兵・一等兵・上等兵・兵長までが兵士、伍長・軍曹・曹長までが下士官、准尉は准士官、少尉以上が将校（士官）。

図31　日本陸軍の兵士と下士官の階級章

㈡　対象の欄に騎兵学校生としてあるのは、騎兵学校で訓練を受けている兵士のことである。

るからだ」という解説である。古川はこの解説を聞いて非常によろこんだそうである。その解説こそまさにA型の特徴にほかならないからである。なにか牽強付会の感があるがどうだろうか。

『騎兵月報』（一）第五号における血液型研究

この第五号には「血液型による気質の研究」と題する騎兵学校研究班編集の論文が掲載されている。

この論文は次の五章から構成されている。すなわち、一：緒言、二：古川氏の主張、三：古畑医学博士の批判、四：教導隊（二）における研究、五：結言――の五章である。

そのなかから重要な記述だけを次に紹介しておこう。

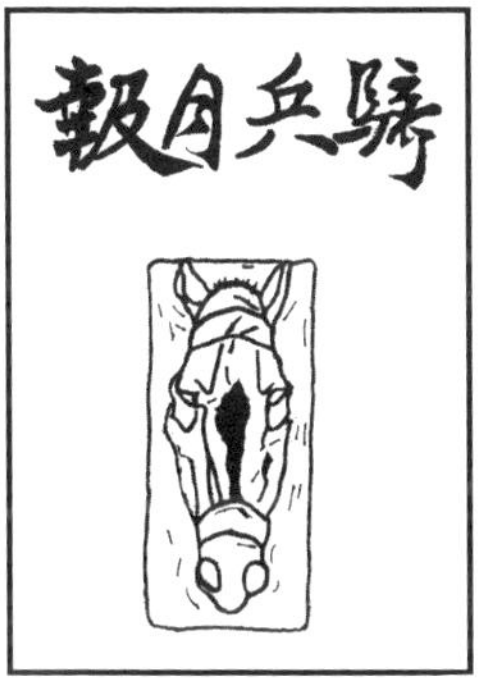

図32　『騎兵月報』1930年2月第14号の表紙

古川の団体気質（民族性系数）

生物化学的人種指数（三）は勝気な軍部を長い間悩まし続けていた。日本人はアジア・アフリカ型には入りたくなく、中間型も受け入れられない。本命はヨーロッパ型なのである（四）。しかし、それはよほど偏ったサンプルならともかく、通常の場合は

（一）『騎兵月報』は一九二九年一月創刊の研究誌である。この時代の論文はO型をI型、A型をII型、B型をIII型、AB型をIV型としているが、ここでは現代的な表示にしてある。

（二）教導隊とは多くの連隊から騎兵学校に訓練に来ている兵士の教官たちである。

（三）生物化学的人種指数のことは本書三二ページにある。表2はヨーロッパ型、中間型、アジア・アフリカ型を表示したもので日本人は中間型になっている。

（四）本書三四ページにある少尉候補生五八人の人種指数は二・二五であった。このようなことはほとんど現れない。サンプリングエラーである。

生じようがない。古川はこの鬱積した一種の劣等感を民族性系数、のちの団体気質という新しい概念で払拭したと思うがどうだろうか。

　古川は団体気質を最初は民族性系数と名づけていた。これはヒルシュフェルトの生物化学的人種指数の向こうを張った証左といえよう。古川がこの団体気質について学界に発表したのは一九二九年一一月発行の『生理学研究』第六巻一一号所載の「血液型による団体的気質の研究　付・気質の遺伝に就て」という論文である。二つの公式を並べてみ

表5　いろいろな団体（集団）における団体気質（古川）

団体・集団	Active（A）		Passive（P）		人数	団体気質 $\frac{A}{P}$
	O型	B型	A型	AB型		
⑴欧米理想国人	44.8	10.6	40.5	4.1	24,917	1.24
⑵チゴイネル（ロマニー）	34.2	38.9	21.1	5.8	386	2.72
⑶日本人	31.0	21.2	38.2	9.6	20,297	1.09
⑷陸軍大学校出身将校	53.0	14.7	29.4	2.9	34	2.10
⑸騎兵科の将校	37.4	25.3	32.0	5.3	75	1.68
⑹騎兵学校在学中の兵士	33.0	16.0	45.5	5.5	200	0.96
⑺輜重科の将校・兵士	31.4	20.6	38.2	9.8	102	1.08
⑻海軍志願兵	38.7	16.8	34.0	10.5	191	1.25
⑼実業家	33.3	47.6	14.3	4.8	21	4.24
⑽訓導（小学校教諭）	24.4	19.9	43.9	11.8	221	0.80
⑾神経症患者	25.0	19.7	40.8	14.5	76	0.81

（注）これらのデータは古川の『血液型と気質』による。⑷陸軍大学校はかつての日本陸軍の最高の教育機関。将軍や高級参謀を養成していた。海軍にも海軍大学校があって提督や高級参謀を養成していた。現在、神奈川県横須賀市小原台に陸海空の高級幹部を養成する防衛大学校がある。⑻海軍志願兵とは古川のデータの海軍志願兵52人と特修兵139人を合計したものである。なお、⑾神経症患者とは原文では神経衰弱患者になっている。

よう。

$$\text{生物化学的人種指数}=\frac{A\%+AB\%}{B\%+AB\%}$$

$$\text{団体気質}=\frac{O\%+B\%}{A\%+AB\%}=\frac{\text{Active（A）}}{\text{Passive（P）}}$$

古川は自省表作成の当初からO型に注目している。ヒルシュフェルト夫妻によって等閑視されていたO型が注目されたのである。O型の人は意志が強固で自信が強いのが特徴であるという。古川はこのO型が同じアクティヴなB型とともに全人口で目立っている国民を欧米理想国人と呼んでいる。米英独仏伊の五ヵ国の国民である。この理想国人論は団体気質の拡大解釈なのであるが、古川の視野は狭窄したというほかないと思う。古川はおおむね次のように語っている。

表6　欧米理想国人の団体気質（古川）

民族・国民		Active（A）		Passive（P）		人数	団体気質 A/P
		O型	B型	A型	AB型		
アメリカ人	白人	46.4	9.5	38.9	5.2	2,536	1.27
	黒人	49.2	18.4	26.9	5.5	270	2.09
イギリス人		46.3	7.2	43.4	3.1	500	1.15
ドイツ人		40.0	12.0	43.0	5.0	500	1.08
フランス人		43.2	11.2	42.6	3.0	500	1.19
イタリア人		42.0	11.6	42.1	4.3	1,932	1.16

表7　その他の団体気質（松田薫）

民族・国民	Active（A）		Passive（P）		人数	団体気質 A/P
	O型	B型	A型	AB型		
ハンガリア	30.0	19.0	42.0	9.0	31,000	0.96
スウェーデン	36.0	11.0	49.0	4.0	18,944	0.89
ノルウェー	37.0	8.0	51.0	4.0	22,403	0.82

日本をはじめハンガリア・スウェーデン・ノルウェーなどは国民中に消極的（パスィヴ）な人のほうがより多く、アメリカ・イギリス・ドイツ・フランス・イタリアなどはその順に積極的（アクティヴ）な人が多くなっている。わが国に消極的な人が多いのに反しヨーロッパの列強国はすべて積極的な人が多い。なお、注意すべきことはほとんど例外なくよく統一されている国家は団体気質が一・〇〇に近似した数値をとっている。団体気質が一・六〇以上、すなわち、国民の六〇パーセント以上が積極的な人である国民にはよく統一された強国というべきものがひとつもない。積極的で主我的な人びとが国民の六〇パーセント以上もいることは統一あるよき国家が形成されないことを物語っているのである。「船頭多くして船山に登る」という俚諺がある。

ここで表5の団体気質のうち、チゴイネル（ロマニー）二・七二、陸軍大学校出身将校二・一〇、実業家四・二四についての古川の解説をまとめてみよう。

チゴイネルがヨーロッパ各地を流浪しているのはO型とB型が多数でまとまりようがないからである。日本陸軍の将軍や高級参謀を養成する陸軍大学校の学生にO型が過半数を占めているのはO型が意志強固で自信が強いから超難関を突破できたのである。実業家ではB型が過半数に近い比率を示している。この現象は一般実業界の人びとの気風と合わせて考察するとおおむね予想されたところである。

古川はどうしてこのようなまとめにしたのだろうか。団体気質一・六〇以上になれば積極的で主我的な人びとが多いから――と述べている。そうすると、そういう軍人たちが寄って集《たか》って大戦争を起こし国家を滅ぼしたといえるのではないだろうか。実業家のサンプルはわずか二一人である。古川も人数において不足の感はあるが、実業界の人びとの気風に合っているとのことである。(一)このようなまとめはおかしい。

古川の団体気質はO型とB型の人たちがすべてアクティヴで、A型とAB型の人たちがすべてパスィヴでなければ成立しない。しかし、そのような完全な、あるいは物理学的な法則は心理学では絶対に得られない。古川の団体気質はヒルシュフェルトの生物化学的人種指数の向こうを張ったつもりではあったが、気質を持ち出したところに創意があり、かつ無茶とでもいうべきだろうか。

睡眠中に現われる気質

これは冒頭にある富国強兵とは関係がないが、インターミッションのかたちで入れておこう。『騎兵月報』第一四号に竹中宇三(騎兵軍曹)が「兵卒個性

(一) 戦後、能見俊賢が企業家の血液型を調査した資料がある。表8に示しておこう。古川が指摘したところの実業家B型説はサンプルに偏りがあったようである。

表8　実業家の血液型(能見俊賢)

団体・集団	Active (A)		Passive (P)		人数	団体気質 A/P
	O型	B型	A型	AB型		
能見俊賢の資料	31.6	19.9	36.4	12.1	952	1.06
古川竹二の資料	33.3	47.6	14.3	4.8	21	4.24

調査の参考――臥眠に依り兵卒の個性を知る方法」で寝相について描写している。

O型　(一)正しく寝ている、(二)顔に覆いをせず、(三)寝方崩れず、(四)ときどき微笑する、(五)寝言をいう。

A型　(一)敷布・毛布で顔を覆う、(二)手を頭や顔に当てている、(三)深く毛布のなかにもぐる、(四)肢（手足のこと）を曲げている、(五)心配そうな顔をしている、(六)下向きに寝る。

B型　(一)毛布を蹴り出し手足を出している、(二)大の字になり寝る、(三)いびきをかく、(四)枕をはずしている、(五)左右に転々と毎日変わる、特に寝相が悪い。

AB型　(一)寝方が悪い、(二)敷布をかぶる、(三)寝方が左右に毎日のように変わる、(四)寝言をいう。

竹中はこれら血液型的特徴について次のような解説をしている。

O型は意志精神が強いから寝てもA型のように敷布などで覆うことはない。A型の初年兵（軍隊に入隊したばかりの兵士）を二年兵（入営二年目の兵士）の隣りに寝るようにすると反対のほうに顔を向けるか敷布・毛布で顔を覆ってしまう。これによってもA型の引込思案がすぐわかる。西郷隆盛(一)はO型の典型的な人であったと思う。B型は浮々として気軽だから最

（一）　西郷隆盛（一八二七～一八七七）は遺髪の検査からB型と決定している。古川竹二は西郷の崇拝者で西郷の書簡や言動を探索してA型に間違いない――としているが間違っていた。幕末から明治維新にいたる活躍とその風貌からO型と誤認されやすい。

も寝相はよくない。不寝番がいちばん困るのはB型の兵士である。

この研究は竹中が約一ヵ月間、毎夜一一時から明方五時ごろまで一日一回巡回記録した結果である。

A型気質を避ける兵士

古川は一九二九年に騎兵学校で血液型と気質についての関連研究を行なっている。児童の血液型判定事件の直後のことである。この研究は『騎兵月報』第八号に示してある。使用された特殊な自省表は表10のとおりである。誘導的になるので血液型

表9　騎兵学校における自省表の結果（古川）

血液型	人数	合っている		異なっている	
O型（一組）	118	88	74.6	30	25.4
A型（四組）（二組）	142	44	31.0	98	69.0
B型（三組）	55	43	78.2	12	21.8

（注）２段の数値のうち下段は％である。古川の資料は修正してある。
古川はＡＢ型は少人数のため除外している。

表10　古川竹二の自省表（騎兵学校で使用したもの）

一組
一、物事を苦にしないほう。
二、あきらめが早いほう。
三、人の前に出るのをたいして苦にしないほう。
四、引込思案でないほう。
五、事を決するとき躊躇しないほう。
六、陽性のほう。
七、よく人と交わるほう。

二組
一、おとなしいほう。
二、取越苦労をするほう。
三、あきらめが遅いほう。
四、人の前に出るのを苦にするほう。
五、引込思案のほう。
六、事を決するとき迷うほう。
七、内気なほう。

三組
一、きかぬ気のほう。
二、他からの刺激に動かされないほう。
三、自分を枉げないほう。
四、粘り強いほう（意志が強いほう）。

四組
一、感じやすいほう。
二、他からの刺激に動かされやすいほう。
三、自分を強くは主張しないほう。
四、粘り強くはないほう。

の記号は消してあるが、一組はO型、二組はA型、三組はB型、四組は意外にもA型の特徴とされている（どうしてA型を二分したのか?・）。この自省表を受け取った兵士は自分が属している組に○印を付けるか、もし他の組にも特に当たっている項目があったらその項目だけに○印を付けていくことになる。その結果は表9に示してあるが、O型やB型の兵士が自分の血液型に合っている項目群を選択しているのに対して、A型の兵士は二組の項目群を故意に避けているのか、実際に修養? の結果生来の特徴を修正したのか、それはまったくわからないが、とにかく低率なのである。面白い結果といえると思う。

海軍兵学校における血液型気質研究

海軍兵学校(一)は日本海軍の中堅士官を養成する機関で、その卒業順位は「ハンモック・ナンバー」といってその後の昇進を左右している。日本海軍は陸軍と違って進取の気風があったなどといわれているがこの順位の固執は封建的である。この兵学校に勤務していた軍医岩波浩は『犯罪学研究』に二回にわたって「海軍兵学校生徒の血液型と諸観察」を発表している(二)。この論文中の興味あるところを抽出要約していこう。

（一）　海軍兵学校のあった江田島は、広島湾内にある大きな島で近くに倉橋島や宮島（厳島）などがある。それなのに岩波は論文中で「内海の孤島江田島の仙境において…」と書いている。おかしな記述である。

（二）　最初の論文は『犯罪学研究』の第五巻四号（一九三二年三月刊）に、続編は第六巻五号に掲載されている。

血液型の分布と生物化学的人種指数

ある時期における兵学校生徒五一〇人の血液型分布は次のとおりである。

O型：一四九人（二九・二二％）　A型：二二〇人（四三・一四％）
B型：一〇一人（一九・八〇％）　AB型：　四〇人（　七・八四％）

岩波はこの分布が日本人の血液型分布と大差がないことに驚いている。彼は兵学校生徒が選抜された特殊な若者たちだから血液型の分布も一般の人たちとは異なるのでは——と思っていたのである。(一) 岩波はここで生物化学的人種指数を算出している。(二) 人種指数は一・八四になり中間型におさまっている。

兵学校生徒の自省表結果の妥当性

岩波は表12（次ページ下段）に記載されている気質自省申告表を生徒に配布し気質を申告させている。申告法は次のとおりである。

(一)静かに内省し、イ組・ロ組・ハ組のうち適中している組に○印を付ける。なお、その組中に適さない項目があったら抹消すること。

(二)他の組のなかに自分に適中している項目があったらその項目だけに○を付けること。

ここで興味深いことは自省表の結果と実際の血液型との一致率である。表11に示した数値がそれであるが、実際の血液型と自省表における回答との一致率

(一) 当時、古畑種基の名前で発表されていた血液型の分布は次のとおりである。

O型：三〇・七四％
A型：三八・一〇％
B型：二一・六九％
AB型　九・四七％
調査人数　九九、一九三人

(二) $\frac{43.14+7.84}{19.80+7.84}=1.84$

は平均三一・二%にすぎない。

兵学校生徒の団体気質

兵学校生徒の自省表の結果はその妥当性が興味深いものになる。騎兵学校の場合は表9(本書六五ページ)に示したように六九・〇%の兵士がA型を避けているのに、兵学校では二二〇人のA型生徒の六五・五%がA型の項目を受容しているのである。これはかれらが自分の在《あ》るがままを回答していることの証拠ではないだろうか。兵学校の生徒として、内気のほう、おとなしいほう、取越苦労をするほう、遠慮深いほう——などのA型気質は短所として隠しておいたほうがよかったのではなかったのか。それをあえて表現した

表11　兵学校生徒における自省表の実施結果（岩波浩）

AB型	B型	A型	O型	実際＼回答
3 7.5	21 20.8	24 10.9	**33** **22.2**	O型
24 60.0	48 47.5	**144** **65.5**	78 52.3	A型
10 25.0	**30** **29.7**	42 19.1	32 21.5	B型
3 **7.5**	2 2.0	10 4.5	6 4.0	AB型
40 100.0	101 100.0	220 100.0	149 100.0	合計

（注）２段の数値のうち下段は％である。表中の太数字は、特に著者が注目すべきと考えるデータ。以下の表における太数字も同じ。

表12　気質自省申告表

B型	A型	O型
ハ組（　）	ロ組（　）	イ組（　）
あっさりしているほう。 気軽なほう。 物事を長く気にしないほう。 快活によく談ずるほう。 事をなすに派手なほう。 刺激がくるとすぐそれに反応するほう。	内気なほう。 おとなしいほう。 用心深いほう。 取越苦労をするほう。 遠慮深いほう。 深く感動するほう。	意志が強いほう。 落ち着いているほう。 精神力が強いほう。 きかぬ気のほう。 感情に駆られないほう。 おとなしそうでも自信が強いほう。

ということは、かれらが正直？ に自分を記述したといえる。騎兵学校の将校や兵士にA型気質が過少――は怪しいと思う。

このように自省表についての回答は自分に有利に操作できるが実際の血液型は操作の埒外にある。兵学校の生徒を血液型の面から見ていくことにしよう。表13は兵学校生徒五一〇人の団体気質に関するいくつかの資料をまとめたものである。岩波は五一〇人の団体気質がわずかではあったが一・〇〇を割ってしまったので困惑してしまった。いずれは日本海軍を背負い立つ士官のタマゴが消極的なのである。しかし、岩波はそれを妙なケースを持ち出して合理化するのである。すなわち、表13にある東京女子高等師範学校の理科生徒・文科生徒の団体気質である。理科生徒は〇・六〇、文科生徒は一・三四である。岩波はそこで古川の所説を引用する。原文に近いかたちで掲載しておこう。

> 文科生徒の気風は一般に独立不羈《ふき》で団結力が少なくいくつかのグループに分かれるのが普通なのであるが、理科生徒は一般に従順、真面目、みなよく協同一致して事に当たる気風がある。

岩波はこの古川の解説で納得しているが、表13の下段にある二群（理系の学科が得意な生徒群と文系の学科が得意な生徒群）の団体気

表13　兵学校生徒の団体気質を理解する資料

団体・集団	Active（A）		Passive（P）		人数	団体気質 A/P
	O型	B型	A型	AB型		
兵学校生徒	29.22	19.80	43.14	7.84	510	0.96
東京女高師理科生徒	30.00	7.70	44.10	18.70	170	0.60
東京女高師文科生徒	36.30	20.90	35.00	7.80	2.06	1.34
理系の学科が得意な生徒	33.74	18.41	42.33	5.52	223	1.09
文系の学科が得意な生徒	25.56	20.18	44.84	9.42	163	0.84

表14　各分隊における団体気質

	団体気質 $\frac{A}{P}$	
1	1.29	
2	0.33	
3	0.60	◎
4	2.67	◎
5	0.68	
6	1.21	
7	0.78	
8	1.07	◎
9	1.00	◎
10	0.78	◎
11	0.52	◎
12	1.00	
13	1.67	◎
14	1.29	◎
15	0.78	
16	1.65	◎
平均	1.08	

質はどうだろうか。話が合わないではないか。

岩波論文の最後に全一六分隊の団体気質を掲載しておこう。◎を付した分隊はカッター競漕で上位入賞していることが多い分隊である。団体気質の平均は一・二五、古川や岩波だったらうまく合理化するかもしれない。

A型気質を選択する海軍兵

海軍砲術学校の軍医原田福象は『優生学』第一一五号に「血液型より見たる海軍兵の気質・体格・罹病・学業成績並びに機関科各種練習生の適性に就て」という長文の題名の論文を掲載している。その一部に古川の自省表(一)が長所・短所とともに掲載されている。ここではその自省表と結果の一部を掲載しよう。

原田の論文で興味深いことは気質的特徴に血液型の記号を付けないでアンケートすると、海軍兵たちは自分の血液型に関係なくA型気質に集中しやすい——ということである。温厚従順・慎重細心・謙譲・反省的・感動的・同情心・犠

(一)　原田は自省表と呼ばないで古川氏気質表と呼んでいる。誤字、数字のミスを訂正し、表現は現代風にしてある。

なお、各血液型気質の長所と短所は古川竹二『血液型と気質』の二三一～二三二ページに載っている。表15はその複製である。原田はO型・A型・B型の記号と長所と短所の文字を消して配布し各自が自分に相当している項目に印を付けさせている。印が多いところがその人の気質となる。

牲心・融和的などという特徴は海軍兵、特に練習生として持つべきものと考えられていたのである。

ここで原田は注目すべきまとめを書いている。すなわち、すべての血液型調査（表16）においてA型気質を持つものが多数を占めている。平均五七・二%

表15　古川気質表（長所と短所）

O型	A型	B型
長所 一、自信力強きこと。 二、意志強固なること。 三、物に動ぜざること。 四、理知的にして感情に駆られざること。 五、精神力旺盛なること。 六、決心の後迷わざること。 **短所** 一、強情頑固となりやすきこと。 二、融和性にとぼしきこと。 三、謙譲心に乏しきこと。 四、理知的にして感情に動かさるること少なき結果物事に対し冷静となり冷淡となりやすきこと。 五、個人主義に傾きやすきこと。	**長所** 一、温厚従順なること。 二、事をなすに慎重、細心なること。 三、謙譲なること。 四、反省的なること。 五、感動的なること。 六、同情心に富めること。 七、犠牲心に富み融和的なること。 **短所** 一、心配性なること。 二、感情に動かされやすきこと。 三、意志強固ならざること。 四、決断力に乏しきこと。 五、自分を枉げやすきこと。 六、孤独にして非社交的なること。 七、恥ずかしがりなること。	**長所** 一、淡泊なること。 二、快活なること。 三、活動的なること。 四、刺激に応ずること速かなること（敏感）。 五、果断なること。 六、社交的なること。 七、楽天的なること。 八、物事を長く気にせざること。 **短所** 一、移り気なること。 二、執着心少なきこと。 三、放胆にして慎重ならざること。 四、事をなすに派手なる結果、事実を誇張し易きこと。 五、事に当たり動揺し易く意志強固ならざること。 六、多弁となり易きこと。 七、出すぎること。

表16　海軍兵に実施した古川の自省表

気質＼血液型	Ｏ型	Ａ型	Ｂ型	ＡＢ型	人数
Ｏ型気質	103 27.2	46 9.9	39 13.6	12 12.5	200
Ａ型気質	190 50.1	315 67.7	145 50.7	58 60.4	708
Ｂ型気質	86 22.7	104 22.4	102 35.7	26 27.1	318
合　計	379 100.0	465 100.0	286 100.0	96 100.0	1,226

（注）２段の数値のうち下段は％である。

である。このような事情から考察すると古川氏によって明らかにされた血液型気質相関説はおかしいのではないか。他日大いに研究の余地あるものと認められる、というのである。

兵士間の相性と血液型

現在の自衛隊には女性自衛官(一)がいるが、かつての日本陸海軍には女性の兵士はいない。そこで男性間の相性が血液型によって研究されている。陸軍軍医谷岡寿長と軍医高倉永次は兵士の相性を血液型の面から調査しているが、日本ならではの研究である(二)。表17は二人の軍医の研究をまとめたものである。なお、研究のサンプルになったのは歩兵第三〇連隊

(一)　かつて婦人自衛官と呼ばれていたが二〇〇三年（平成一五年）から女性自衛官と改称されている。通称：陸上自衛隊所属の隊員の場合はワック（ＷＡＣ＝Women's Army Corp）、海上自衛隊所属の隊員の場合はウェーヴ（ＷＡＶＥ＝波濤の意味）、航空自衛隊所属の隊員の場合はワッフ（ＷＡＦ＝Women in the Air Force）。

(二)　旧軍隊が警戒したのは同性愛者の存在である。徴兵検査のおりもそれとなく調べられるが、その場合ネコ役（同性愛における女役）は見当がつくがタチ役（男役）はわからない。なお、同性愛は女性間にも行なわれている。

の兵士であるが、表17で得られたことが他の連隊でも通用するとは限らない。（一）

谷岡と高倉は、表17からこれといった規則性を抽出できないようなかたちになっているとつぶやいている。しかし、かれらは血液型気質にも触れている。かれらは血液型気質について大要次のように述べている。

A型は着実だが感情は激しい。B型は真面目に兵業に努めるが楽天的である。O型は厭世的で空想的である。AB型は自分勝手に働くが気分に左右される。（二）

（一）この連隊のことは本書の三〇ページにも出ている。

（二）この特徴は古川があげたものとはかなり異なっている。谷岡と高倉の実際の観察か。

血液型からある気質的特徴を決定することはいかに無理かが理解されるであろう。そこで多くの人たちが、その専門には関係なく、さまざまな所説を展開するのである。

表17　血液型と相性との関係

	第１位	第２位	第３位	第４位
Ａ型と親しい	ＡＢ	Ａ	Ｂ	Ｏ
Ｂ型と親しい	Ｂ	Ｏ	Ａ	ＡＢ
Ｏ型と親しい	Ｏ	ＡＢ	Ａ	Ｂ
ＡＢ型と親しい	Ａ	Ｏ	ＡＢ	Ｂ

（注）表17では、Ａ型と最もウマが合うのはＡＢ型、第２位はＡ型、第３位はＢ型、第４位はＯ型ということになっている。

血液型による部隊編成

血液型によって効率的な部隊編成をした人がいる。輜重第一六大隊の軍医だった井上日英である。輜重兵は実戦部隊ではないが弾薬・食料の輸送を専門とする兵科である。日本の陸軍は輜重を軽視したため太平洋戦争のとき島々で餓死者が続出することになってしまう。井上軍医はそんな未来までは考えていなかったと思うが、強力な輜重部隊を編成しようとしたことは事実であろう。次の表18は井上の血液型による大実験である。表18中に試験班という項目があるが、普通は班と呼ばれている。（一）ここでは実験的に編成されたので特に試験班と名づけられている。表18について解説していこう。

第一中隊は班長の血液型と班員の血液型がおおむね同類のもので、第二中隊の場合はその関係が大体異類である。すなわち、第一中隊の第一班は班長が積極的で進歩的と思われるB型で、班員はO型五人とB型一四人、それにAB型一人、合計二一人で構成されている。AB型一人が含まれているのは人員配置上の

表18　試験班の構成

中隊		第1中隊			
班		1	2	3	4
班長		B	A	O	A
試験班の兵士	A		9		19
	B	14			
	O	5		14	
	AB	1	5		
合計		21	15	15	20

中隊		第2中隊			
班		1	2	3	4
班長		O	A	O	B
試験班の兵士	A	2		13	7
	B	10			
	O		14		13
	AB	8			
合計		21	15	14	21

（注）合計の人数には班長を含んでいる。

（一）日本の陸軍は、連隊の下に大隊（複数）があり、その下にいくつかの中隊があり、さらにその下にいくつかの小隊が――という組織になっている。この小隊を構成するのがいくつかの班である。班には班長がいて細かい指導を行なう。班長はもちろん下士官（伍長・軍曹・曹長）である。

つごうであろう。第二中隊の第二班は班長が消極的で保守的と思われるA型で、班員はO型一四人で構成されている。

　第二中隊の第一班は班長が積極的で進歩的と思われるO型で、それに消極的で保守的なA型二人とAB型八人が付き、さらに班長と同じ傾向を持つB型一〇人が加わるというかたちになっている。O型とB型の組合わせだと積極的で進歩的なパワーが増強され、A型とAB型の組合わせだと消極的で保守的傾向が強くなるが、しかし、長所としては事を決するとき慎重で細心ということになる。B型とO型、それにA型とAB型というような反対の特徴を持つものを組合わせると採長補短、中庸的な活動が成立することになる。

　井上のこのびっくりするようなアイディアはその後どうなったか。簡単にいえば消えてしまったのである。消えた——というより潰されてしまったのである（一）。

　井上日英の研究は一九三四年の『軍医団雑誌』第一五六号に「血液型別ニ観察シタル軍隊教育ノ成果ニ就テ」という題目で掲載されている。

　血液型をベースにして部隊を編成したというのは前代未聞である。あるテレビ番組ではこの輜重一六大隊の血液型中隊が太平洋戦争の末期にフィリピンで米軍と戦って全滅したことになっているがそれはありえない。血液型中隊は実

（一）日本の陸軍の班組織は伝統的に階級の上位の兵士から最下位の兵にいたる二〇人ぐらいの少数集団である。井上はこの伝統を崩し、初年兵（軍隊に入ったばかりの若い兵士）だけで班を構成していった。そこで大反対を浴び、短期間で終了してしまった。

　それに日本の大陸進攻が露骨になってきたので血液型どころではなかったのである。要点は次のとおりである。

一九三一年　満州事変
一九三二年　上海事変
一九三四年　満州帝国建国
一九三七年　日中戦争勃発

こうして「大日本帝国」は破滅への道を歩むことになるのである。

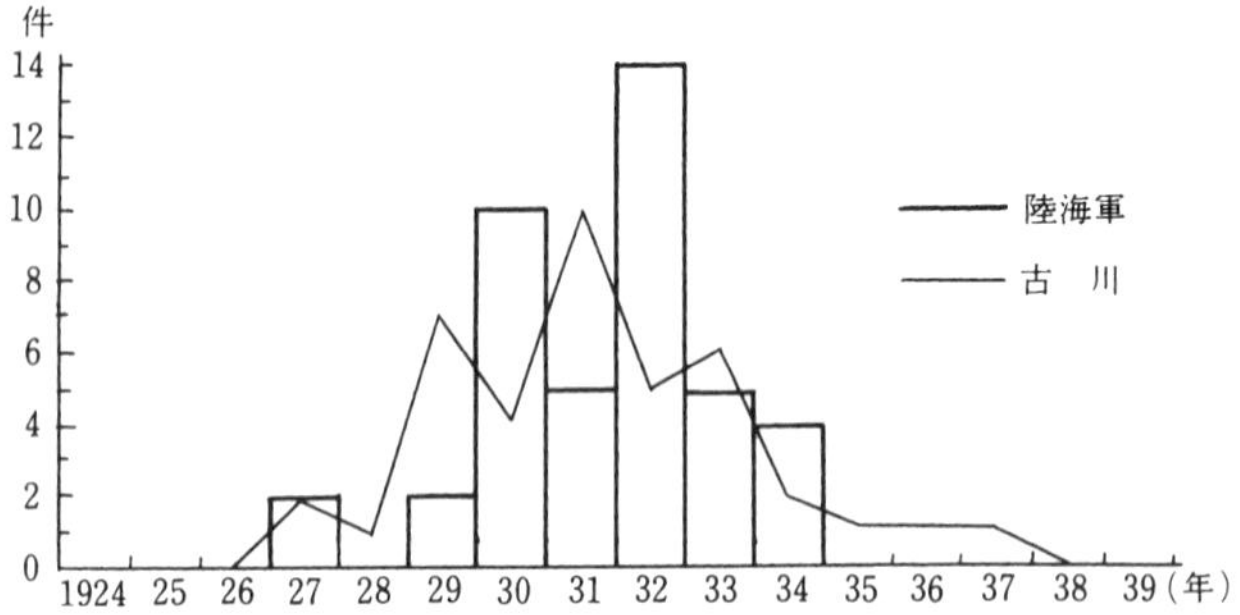

図33　日本陸海軍における血液型個性研究の推移

験的に編成されたものなのである。

富国強兵の手段として活用された血液型ではあったが、B型とO型が積極的でA型とAB型が消極的であることも怪しくなる。

図33は日本の陸海軍における血液型個性研究の推移を描いたものである。古川竹二の研究の流れと相関しているかのようなかたちは実に興味深いところである。

第4章　血液型個性研究をめぐる人びと

一九二六年（大正一五年・昭和元年）に軍医たちの兵士たちを対象とする研究が出発したが、それらとはまったくアングルを変えたサイコロジストによる研究が一九二七年（昭和二年）に発芽したのである。古川竹二による次の二件の論文である。

血液型による気質の研究　『心理学研究』第二巻四輯

血液型による気質及び民族性の研究　『教育思潮研究』第一巻一輯

この時代はまだＡＢＯAＢといった記号は使われていない。Ⅰ型：Ｏ型、Ⅱ型：Ｂ型、Ⅲ型：Ａ型、Ⅳ型：AB型ということになる。Ⅰ型とⅡ型は積極的・進取的（アクティヴ）で、Ⅲ型とⅣ型は消極的・保守的（パスィヴ）と規定される。

古川のこの所説は「血液型気質相関説」と呼ばれ、後世までわが国の性格心理学（気質の心理学・パーソナリティの心理学）の一隅を占めることになるのである。

古川竹二の「血液型気質相関説」と『血液型と気質』

ここで古川竹二についての一節を設けたのは、古川がその研究をまとめた大著を東京神田の有名な書店「三省堂」から刊行したからである。この本は一九三二年一月三〇日の発行で定価二円八〇銭となっている。当時、非常に高価な本で最近ときおり「古書目録」に載ることがあるが五〇〇〇円でもすぐ買手がついてしまうようなレア本である。

この小節でその全容を紹介することは紙幅のこともあってできないが、二人のサイコロジスト（やがてわが国の心理学界の重鎮になる）の書評の要旨を掲げておくことにする。ただ、この書評のなかにおかしなところがあるので、そ

図34　古川竹二（1891～1940）
木村しゅうじ画、『科学朝日』1987年７月号掲載の溝口元の論文による。

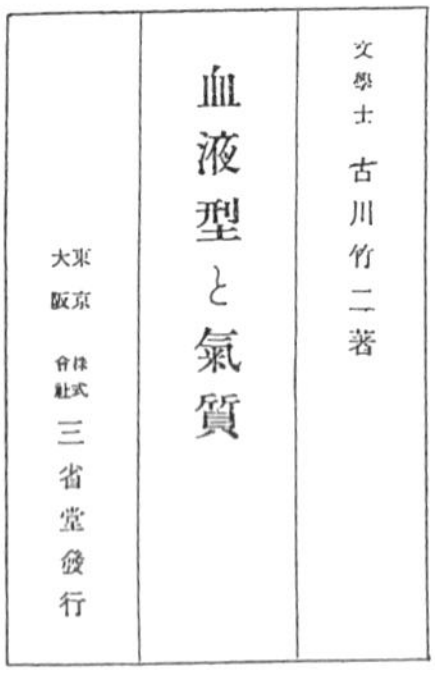

文學士　古川竹二著

血液型と氣質

東京　大阪
株式會社　三省堂發行

図35　『血液型と気質』三省堂、1932年刊の扉

れも指摘しておきたいと思う。

牛島義友の書評　牛島義友(一)は『血液型と気質』についておおむね次のような厳しい批評をしている。

> 本書においては統計的論証は詳細であるが、それに反して個人における血液型と気質の研究が少ない（『心理学研究』第七巻二輯、一九三二年）。

心理臨床の目標はあくまでも個人であるが、気質や性格の心理学研究の場合は集団（団体）が対象になる。男性と女性では神経症傾向に差があるかどうか――というような場合である。古川が『血液型と気質』で用いた統計的処理は、現代の統計的処理と比較すると陳腐ではあるが間違ってはいない。牛島はケース研究が少ないと批判しているが、この本の場合その必要はないのではないか。

依田新《あらた》の書評　依田新(二)はおおむね次のような書評をしている。

> どの職業集団にどの血液型が多いか――ということでなくもっと違う面から追究したらどうか（『教育心理研究』第七巻五号、一九三二年）。

依田の真意はつかめないが、牛島と同様集団比較には批判的である。

牛島と依田の批判は現代に通じることであるが、心理学研究の根幹にかかわ

（一）牛島義友は当時二六歳。すでに立教大学文学部教授であった。

図36　晩年の牛島義友（1906～1999）

（二）依田新は当時二七歳。東京文理科大学助手兼東京高等師範学校講師。

図37　晩年の依田新（1905～1987）

図38　石川七五三二
（1897〜1973）

る課題ではないだろうか。

これから古川を出発点とする人たちの研究や意見を紹介していこう。

大正の末期から昭和の初期にかけたあるとき、古川竹二は家族の行動をなにげなく観察していたところ、面白いことに気がついたそうである。それはA型はパスィヴでB型とO型はアクティヴであるということである。これがヒントになって「血液型気質相関説」が建設されるのである。

古川のこの視座は当を得ているのであろうか？　いまだに謎につつまれている。これからの記述は賛否両論の考え方である。

石川七《し》五《め》三二《じ》(一)の研究（一九二八年）

石川はサイコロジストのなかで血液型個性研究に眼をつけたパイオニアである。彼は関西応用心理学会第五回大会（一九二八年一〇月）以来古川学説と取り組んでいる。石川は血液型は固定的で客観的な観察ができるが、気質はそのような観察が不可能で内省、あるいは他人による行動観察で判断されるしかない弱点を指摘している。さらに、サイコロジストのなかには欠陥の多い心理検

（一）　石川七五三二（一八九七〜一九七三）。東京高等師範学校専攻科卒業時の卒業論文は「性格の心理学的研究」。一九二八年、愛知県立児童研究所長、一九三一年、名古屋教育研究所設立。のち一九五〇年、山梨大学教授（心理学）。

査を絶対視する人がいて困惑してしまうと慨嘆している。

石川の血液型・気質型モデルは図39に示したとおりである。彼は、血液型はそれぞれ相《あい》対立する二つの要素によって決定されているので、それと関係づけられる情意的特性もまた相《あい》対立する二つの要素によって規定される――という仮説を立てている。すなわち、O型とA型とはβ（ベータ）という陰性の要素を共有し、O型とB型とはα（アルファ）という陰性の要素を共有し、A型とAB型とはAという陽性の要素を共有し、B型とAB型とはBという陽性の要素を共有する――という血液学上の原理が正当ならば、これと密接な関係を持つと仮定される情意的特性にも、また、それと相関する結びつきがあるのではないかと考えるのである。情意的特性のあるものがO型者とA型者に共通し、他の特性がO型者とB型者に共通し、さらに、他の特性がA型者とAB型者に共通し、さらにまた、他の特性がB型者とAB型者に共通していなければならないとする考え方である。四種の気質型のうち、O型者とAB型者、A型者とB型者の二組は最もかけ離れた関係にあることになる。このようなモデルは、血液型と性

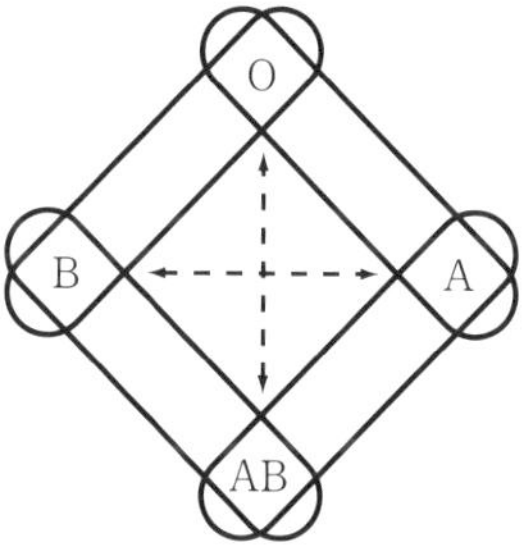

図39　石川の血液型・気質型モデル

格との関連を記述した書物のなかによく見られることである。なお、A要素を含むA型者とAB型者は衝動的で現在的であり、α要素を含むO型者とB型者は執意的(一)で将来的であるとしている(二)。

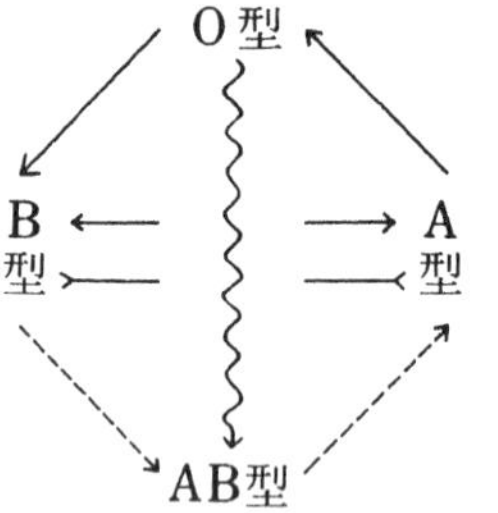

図40　能見正比古が1978年（昭和53年）ごろに発表した相性モデル

石川七五三二の図39の血液型・気質型モデルはのちに能見正比古によって相性モデルに変貌してくる(三)。この件についてはのちの「第6章　能見正比古と『血液型人間学』」で詳しく触れることにしよう。

石川は「血液型心理学」という科学？　を構成した人である。私は一九五〇年以降、日本応用心理学会の事務局の仕事をしていたので石川にはしばしば会っている。問題を詰めておけばよかった——と思うが、その当時、「血液型」は私にとって無縁の領域であったのである。

石橋無事の研究（一九二九年）

石橋無事(四)は新潟医科大学（現・新潟大学医学部）にいたときから犯罪者の血液型に興味を持っていた。この興味は法務府（現・法務省）に移ってからも続

（一）執意的とは意欲をダイレクトに発動しないことを意味する。衝動的に対することば。

（二）衝動的で現在的とは、後先のことを考えないで反応（行動）することである。執意的で将来的というのはその反対をいう。熟慮して反応（行動）することである。

（三）図40は能見正比古によって描かれたもので、次のように説明されている。矢印の方向は、おもりしやすい関係（A型がO型をリードする関係）、点線の矢印はそれが弱い関係を示している。おもりは力関係ではないと能見はいうが、リードは一種の力関係ではないだろうか。A型とB型ではともにおもりしにくい。O型とAB型のおもり関係は微妙である。

（四）新潟医科大学（現・新潟大学医学部）教授。医学博士。のち法務府に関係する。囲碁と将棋の達人としても知られている。

き、わが国における血液型犯罪心理学の先駆者になった。

石橋無事は「犯罪者ノ血液型ニ就テ」[一]と題する論文のなかで新潟県の刑務所に収容されている犯罪者および感化院[二]に収容されている非行少年の血液型について貴重な資料を公開している。古川は『血液型と気質』のなかで大要次のような解説を加えている。現代文にして紹介しよう。

(一)犯罪者においてはO型が日本人の標準および新潟県人の標準よりも多く、A型は反対に減少している。犯罪者は団体気質も一・二〇とかなり高

[一] 『社会医学雑誌』第五〇九号、一九二九年。

[二] 現在は児童自立支援施設がそれに替わっている。

図41　石橋無事

表19　犯罪者および非行少年の血液型分布（石橋無事）

対象	人数	A型	B型	O型	AB型	団体気質 A/P
偶発性犯罪者	109	35.8 (39)	22.9 (25)	29.4 (32)	11.9 (13)	1.10
習慣性犯罪者	391	35.3 (138)	20.0 (78)	35.3 (138)	9.4 (37)	1.24
犯罪者	500	35.4 (177)	20.6 (103)	34.0 (170)	10.0 (50)	1.20
初犯者	174	32.8 (57)	19.5 (34)	35.1 (61)	12.6 (22)	1.20
知能犯	103	40.8 (42)	22.3 (23)	30.1 (31)	6.8 (7)	1.10
無知的暴力犯	100	27.0 (27)	19.0 (19)	47.0 (47)	7.0 (7)	1.94
上記3群合計	377	33.4 (126)	20.2 (76)	36.9 (139)	9.5 (36)	1.33
日本人	20,297	38.2	21.2	31.0	9.6	1.09
新潟県人	1,876	37.9	22.5	30.2	9.4	1.11

い傾向を示している。

㈡次に初犯者――といっても将来累犯者になるかもしれないが、ここではいちおう初犯者として扱っておこう。初犯者は日本人の標準よりもO型が多くA型が少ない。このことは血液型と気質の関係からいって意義が深いことである。

㈢偶発性犯罪者と習慣性犯罪者との比較であるが、日本人の標準よりもA型がかなり少なくB型とAB型が多くなっている。A型は一般に消極的で温和なので偶発的に犯行に陥ることは少ない――ということはよく理解できる。それに対してB型は刺激に対してただちに反応する傾向がある。AB型も混合型なのでやはりB型のように反応が急速である。このような理由で偶発性犯罪者になってしまうのである。

次に習慣性犯罪者であるが、O型が増加しA型が減少している。教養のある人びとはほとんど自分の短所を緩和しているが、無知な人びとは自分の短所を矯正することが少ない。そのために短所をつねにさらけ出して反省することがないことは多くの人びとがよく知っていることである。このことは一般に犯罪者の数が教育のレベルに反比例することからも推察されるところである。そこで習慣性にわが国に少ないO型が多く（三五・三％

表20　団体気質が高いサンプル（表5の一部再録）

対　象	人数	A型	B型	O型	AB型	団体気質 A/P
騎兵科将校	75	32.0	25.3	37.4	5.3	1.68
陸軍大学校出身将校	34	29.4	14.7	53.0	2.9	2.10
海軍志願兵	191	34.0	16.8	38.7	10.5	1.25

‥三一・〇％）、Ａ型が少ない（三五・三％‥三八・二％）ことが当然であることがわかると思う。

(四)（一）知能犯と無知的暴力犯についてはどうだろう。

　知能犯にはＡ型が多く、それに反して無知的暴力犯にはＯ型が非常に多く、Ａ型はすこぶる少ない。このことは私（古川）の気質表を一読すれば予想されるところである。石橋の研究における犯罪者の資料は、私の所説をよく裏書きしていると思う。

なお、表19の右端にある団体気質の欄を通覧すると犯罪者は日本人の団体気質や新潟県人の団体気質より高いこと、すなわち、アクティヴなレベルが高いことがわかる。

　古川はここで驚くべきまとめをしている。それは「尋常ならざる行為を行なう勇気ある人に

（一）知能犯とは、詐欺、文書偽造、横領などの犯罪者のこと。無知的暴力犯とは、強盗、傷害、傷害致死、殺人、放火などの犯罪者のこと。

積極的気質者がより多いであろうことは当然のことであろう」とまとめている。
のちに「血液型人間学」を建設した能見正比古（一）は「善にも悪にも強いＯ型」と焼きなおしている。能見の解説のほうがさすがに放送作家だけあって上手である。

古川竹二の解説はどう考えても我田引水である。

青木盛恵の意見（一九三〇年）

医師の青木盛恵は一九三〇年の六月に『読売新聞』の「家庭科学欄」に「血液と気質」と題する啓蒙的な解説を四回にわたって連載している。古川竹二の学説が一般の医師によって新聞紙上に発表されたのはこれが最初である。掲載日別に現代文で要約していこう。

六日：青木の解説は「ある人の血清を採って他のある人の血球に加えると、その血球が凝集する場合と凝集を起こさない場合とがある」というイントロで始まっている。そして、最初はⅠ・Ⅱ・Ⅲ・Ⅳ群という名称だったが一九二七年ごろからＡＢＯ式に改称されたことに続き、ＡＢＯ式に基づく輸血の件に及んでいる。

七日：第二回目の解説は血液型の遺伝のことから始まる。そして長崎医科大

（一）能見正比古（一九二五・七・一八～一九八一・一〇・三〇）。大宅壮一の門下の放送作家。生年は私（大村）と同じである。

学の浅田一《はじめ》が棄てられたタバコの吸殻に付着している唾液から血液型を判定し、真犯人逮捕に役立った——というエピソードが紹介されている。驚嘆すべきことだとしている。この時代はそういう時代なのである。

青木は精神病者や犯罪者の血液型に特徴があるかもしれない——といっている。そして彼はこの回の末尾でO型の特徴について紹介しているが、それは古川の意見そのままである。

一〇日：第三回目の解説はA型とB型についてのものである。しかし、AB型についての解説は現代の人びとに誤解される表現がある。これは原文に近いかたちで引用しておこう。このようなことを信じられては困ってしまう。

「AB型の人は内面がA型で、外面はB型で矛盾があって判断し悪《にく》い人である」という一節が問題なのである(一)。この悪いという表記にも問題があるが、青木は強調したいところは文字を大きくしている。悪の文字も大きくなっている。当時の人びとはAB型についてとんでもない誤解をし、それが現代人の無知のなかに伝わってきていると考えられる。

なお、この第三回の最後に「この分類は(二)多くの研究から得た成果で、各方面の賞賛と賛成を得ている。私も同僚や看護婦などについて得た経験はこの分類（注：古川学説のこと）に一致する」というまとめがある。古川の血液型気質

(一) 青木は「判断しにくい」という表現に「判断し悪《にく》い」としている。ミスではないがここで悪の文字を使うのは誤解を生じてしまう。難を使うか、仮名書きにすべきであろう。

(二) 英語ではナース、ドイツ語ではプレゲリン（女性名詞）という。わが国では看護師という名称を使うようになったがこれでは男性か、女性かはわからない。大きな病院には「ナースステーション」というところがある。「看護師ステーション」ではどうも——である。

相関説はこのようにして社会に広まっていったのである。

一一日：最終回である。青木はここで団体気質による民族の評価、血液型による職業選択、血液型による子どもの教育などに触れている。

すでにこのころから古川学説に対するネガティヴな批判があったようで、青木は「すべて新しい進路を拓《ひら》くにはいろいろな障害が横たわっている。古川教授のような有益な研究も数多くの苦心のなかから生まれたもので、わが国の学者によって初めて世に問われた研究に敬意を表し、なお、面白い報告を待って筆を擱《お》くことにしよう」で終わっている。

清水茂松の意見（一九三〇年）

医師の清水茂松は雑誌『現代』の一九三〇年の一二月号に「人の気質と血液型」と題する解説を載せている。この解説は「近頃大分やかましい『血液型』と云うものに就て一般に興味ある話題を提供しよう」という書き出しで始まっている。

清水は古川学説をそのまま受容し、古川の自省表のプロトタイプを掲げて、「この生来の気質は大抵血液型に当て嵌《は》まるものである。我々共も少数ではあるが血液型の調査をして見て古川教授の所説に敬服するものである」と書き残している。さらに清水はこのあと次のように述べている。現代文にして引用してみよう。

「政治家にはO型が多く、学者や芸術家にはA型が多く、実業家にはB型の人が多い。人種問題でも日本人は四割までがA型で、英国人にはO型が多く、中国人にはB型の人が最も多いと発表されている。O型の多い英国人は沈着で刺激に動じない。B型の多い中国人は社交的で弁舌に長じている。チゴイネルは、はなやかな音楽や舞踊をする放浪の民であるからB型が多いのである。それでは一体、どの型が良いのか、悪いのか、という問題になってしまう。一見、O型が最良のように見えてしまうが、O型は意志堅固で、ものに動じない点はいいが、その反面、主我的で排他的ではないだろうか。A型は陰性で消極的ではあるけれども、謙譲であって、犠牲的精神に富んでいる人である。徳川家康はO型で、西郷隆盛はA型ではないだろうか（一）。B型の人は快活で楽天的ではあるが、なかには信用できない軽はずみの人も見受けられる。そこで、長所はその反面短所、短所はその反面長所であるから、自分はA型だから、自分はB型だからといって楽観したり、悲観したりするには及ばない。このように、気質と血液型の問題は科学上の一大進歩である。したがって職業選択などに応用するということになれば非常に結構だろう。しかしながら、このような科学的研究

（一）徳川家康はB型だという説もある。西郷隆盛は毛髪から、伊達政宗は遺骨からそれぞれ確実にB型だとされている。

をはき違えて、それにとらわれてしまっては困る。（中略）いちおうA型はA型、B型はB型のまま、全体として堂々とそれを明らかにするだけの勇気がなければならない。宿命論にすわり込んでしまうような人とは、ともに修養も科学も語りあうことはできない」と記述している。

この清水の論文は古川学説の先端を進むような積極的な考え方といえよう。

浅田一の研究（一九三〇年）

長崎医科大学（現在の長崎大学医学部）の浅田ははじめのうちは古川学説に疑問を持っていたが、漸次スタンスが変わって、のちに強力な支持者に変容した人である。彼の回顧録をできるだけ原文に近いかたちで転載してみよう。

一九三〇年の一一月ごろ、『福岡日日新聞』の記者がやってきた。新年号になにかということなので「団体と血液型」について書こうと思って質問されるままに古川学説について話をした。そして一〇〇％は当たらないがとにかく研究すべき課題だ——と話しておいた。

この間、大阪貿易館で講演したとき、今後、血液型を新人採用に応用したいという人が出てきた——ということも話しておいた。ところがそれが『長崎民友新聞（『福岡日日新聞』の姉妹紙）』に掲載され、それがさらに

『大阪毎日新聞』にも大書され驚いてしまった。これらのことは私の知ったことではないが、翌日の『大阪朝日新聞』の記事には憤慨してしまった。「天声人語」の批判を現代的な表現で転載しておこう。

　人間を四種の血液型で分類するのは、ずいぶん荒い考え方である。それにもかかわらず結婚や就職(一)に応用するのはどうかと思う。先入観で人を左右するのはよくない。丙午《ひのえうま》の迷信、稲荷下《いなりさ》げ（狐おろしのこと）(二)以上の害があるのではないか。発表欲に急な医学者たちの血液型から研究してほしい。

「天声人語」は徹底的に浅田を批判した。もちろん、浅田は反論した。彼はそのことを翌年の『犯罪学雑誌』第四巻一号に掲載している。「血液型と気質との関係研究者の為に」という変な題目の論説がそれである。おそらく「研究者の為に」というところは改行すべきところだったのではないだろうか。

(一)　血液型を就職と関連させる風潮は平成の現代にも残存している。ブラッドザウルスの再現である。二〇一一年八月二二日付のある大新聞は「血液型　就活で聞かれたら　B型って言いづらい――悩む学生　シューカツで血液型を聞かれたらどうする？　就職活動で不況と東日本大震災のダブルパンチにあえぐ学生が悩んでいる。専門家は血液型による性格判断に科学的根拠はなく…」と書いた。

(二)　キツネやネコ、悪霊などが人間に乗り移ってくることを「憑く」と呼び、それを落とすこと。

図42　浅田一（1887～1952）

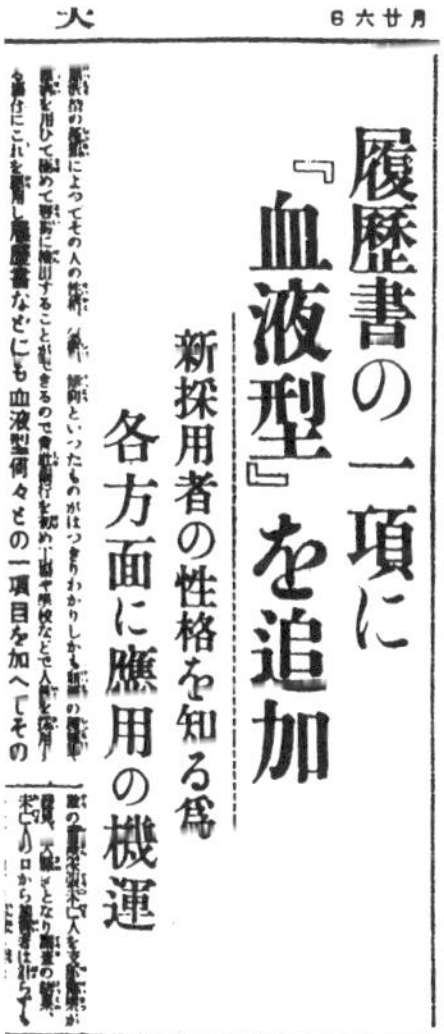

履歴書の一項に『血液型』を追加

新採用者の性格を知る爲

各方面に應用の機運

図43　1930年11月26日付の『大阪毎日新聞』の一部

浅田はこの論説（随想といったほうがいいかも）でおおむね次のように述べている。

自分の家庭やよく知り合っている人びとについて検査をすると（中略）気質が古川氏の学説と相反しているという例はほとんどないといっていいくらいである。そこで、私はこの血液型と気質の研究が学問上まだ十分な基礎を持っていないにもかかわらず、実際上非常に参考になると考えるにいたったのである。ただ、気質の検査法はもう少し改善される必要があると思う。現在のところ山頂が見えていながらいくら歩いてもまだ頂上に到着しないといった状態である。長崎医大の研究室で小学校児童を調べたところ、B型に器用な子が多く、O型とA型に理解力の優れた子が多いとか、AB型に暗記力のいい子が多い——などという傾向が得られている。こういうことも将来研究調査すべき興味ある問題であろう。

浅田はO型らしく？　非常にアクティヴな学者で松田薫の『改訂第二版「血液型と性格」の社会史』（一）によると虚偽発見の工夫（ウソ発見器）まで発案したといわれている。

浅田は一九三〇年以降、古川学説について大活躍し、世界に誇るべき学説をみだりに踏みにじらないようにしたい。他方邪魔者は駆逐したい——と豪語す

（一）　この本は私が福村出版から刊行した『血液型と性格』（一九九〇年一〇月）の直後に河出書房新社から刊行された『「血液型と性格」の社会史』一九九一年五月の大改訂版で私への反論批判が多々見出されている（河出書房新社一九九四年七月）。

るまでに変貌してしまうのである。

浅田は『血液型研究』(一)という雑誌が刊行されると、それにしばしば投稿して古川学説を発展させるのに一役買っている。浅田の『血液型研究』における大活躍は章を別にして紹介しようと思う。『血液型研究』をほとんど利益を度外視して刊行した石津作商店の社長石津作次郎という人物は実に興味深い。

浅田の研究については松田薫が詳しい。松田の著書『改訂第二版「血液型と性格」の社会史』には浅田が作成した一種の自省表が載っている。表21にその全容を現代の若者にもわかりやすいことばで再現しておこう。

『朝日新聞』の「天声人語」に「ひろめ屋の冬陽におごる太鼓かな」という川柳まで引用されて嘲笑され怒った浅田は、そのエネルギーで反古川の学者陣営や『朝日新聞』の「天声人語」と戦うことになっていくのである。

浅田は一九三一年に石津作次郎による雑誌『血液型研究』の発刊により広汎な活動を展開することになる。「ひろめ屋の太鼓」どころではなくなり、大管弦楽団の第一ヴァイオリンのような存在になってくる。

(一) 大阪の輸入薬品の特約販売会社石津作商店(社長:石津作次郎)が一九三〇年設立した「大阪血液型研究所」の機関誌。

表21　浅田による血液型と性格の自省表（一）

A型	(1)優柔不断で物事に受身的である。
	(2)感情をおさえ引込思案である。
	(3)目上の人に従順で素直である。
	(4)思考が渋滞し、ひとつのことに執着する。
	(5)コトバ少なで孤独を楽しむ。
	（肥満型の人が多い）
B型	(6)果断で刺激に敏感である。
	(7)気転（機転）がきき、器用である。
	(8)あきらめるのが早く、妥協的である。
	(9)多弁で、誇張的である。
	(10)精神活動が発揚的である。
	（筋肉質の人が多い）
O型	(11)ものの考え方が合理的である。
	(12)理性的で物事に動揺しない意志の強い人。
	(13)利己的、打算的、忍耐力がある。
	(14)精神活動が力強い。
	(15)激しい感情の持ち主で、癇癪を起こしがちである。
	（細長型の人が多い）
AB型	(16)A型の特徴とB型の特徴を合わせ持っている。
	(17)上記の２つの特徴を場面によって使い分けている。
	(18)細心で、しかも果断、表面は強く出るが内面は小心。
	(19)温和で、中庸である。

（注）浅田案の自省表は松田薫『改訂第２版「血液型と性格」の社会史』（1994年、河出書房新社）に掲載されているが項目が難解なので平易な表現にした。実物に接したい人は松田の前掲書 p. 186を参照してほしい。

（一）松田によって紹介された表21はここでは現代の若者にもわかりやすいように書きかえてあるが、原著では『生理学研究』第八巻一号（一九三一年）と、雑誌『現代』二月号（一九三一年）を中心にまとめたものであるという。

石津作次郎の意図（一九三一年）

石津作次郎（旧名：貫一）は輸入薬品を主とする株式会社「石津作商店」を

相続（一九二三年）、その七年後に「大阪血液型研究所」を設立する。彼はいう。「昨年一〇月に純学術誌として創刊の予定を致して居りましたが、ある止み難き事情の為め既に上梓中のものをむざむざ中止致しました。其後新しき方面よりの御懇望もだし難く、最初の目論みを全く変更し今回は新装をこらし常識科学雑誌とし『血液型研究』に力を注ぎ大衆に呼びかけることになりました。素より私の考へだけで進んで参りますがどうか皆さん方の御指導によりまして少しでも学界と大衆の為めにお役に立てば結構で御座います。御貴重なる御研究御創見の片鱗なり御嘉恵願はるれば本懐至極に存じます（一）」（原文通り）。

石津作次郎は「学者好きの商人《あきんど》」といった感じの人であったが、当時流行の話題の血液型で財を築こうという気はなかったようで、『血液型研究』もほとんど献本だったとのことである（二）。石津作商店はすでに閉じているが、石津作次

（一）『血液型研究』創刊号（一九三一年一〇月一日発行）の冒頭にある王幹の石津作次郎の「創刊のことば」である。この雑誌は一九三五年一〇月まで通巻五〇号まで続くことになる。彼が最初にどんな雑誌をイメージしたかわからないが、おそらく現在の学会誌のようなレベルの高いものを考えていたのではないだろうか。

（二）溝口元《はじめ》による資料。

図44 「石津作商店」の広告

図45 石津作次郎（当時：貫一）と妻ミツ（旧姓：木村）

図46 3代目が経営した会社の名刺（私がかつて尋ねたときもらったものである）

郎に関する歴史は『石津回顧八十年』として国会図書館に収納されている。

岩井勝二郎の研究（一九三二年）

一九三二年の六月に京都帝国大学（現在の京都大学）文学部で心理学読書会が開催された。そのおりドイツから帰国したばかりの岩井勝二郎が気質に関する興味深い調査をしている（一）。次のような調査である。

岩井は表22のような気質表を掲げて、参加者に全体としてどの群に属するかを回答させたのである。この調査に参加した人（みなサイコロジストである）は、A型二〇人、B型一八人、O型一四人、AB型二人（この二人は集計から除外している）合計五二人である。参加者五二人中三五人（六七・三％）は第Ⅰ

表22　岩井が使用した調査表

第Ⅰ群（実はA型）	内　氣
	遠慮深い
	事を決しかねる
	温　厚
	自分を犠牲にする
	餘り人と争はぬ
	深く感動する
	物事が長く氣にかゝる
	用心深い
第Ⅱ群（実はB型）	快活にてよく談ずる
	氣輕であつさり
	氣輕に人と交る
	事をなすに派手
	刺戟がくるとすぐ應ずる
	人の世話など心よくする
	物事を長くは氣にせぬ
	物事に執着する事少し
	物事によく氣がつく
第Ⅲ群（実はO型）	根氣のよい
	落付いて居る
	おとなし相で自信が強い
	感情に驅られぬ
	きかぬ氣
	事を決したら迷はぬ
	精神力が強い
	人に餘り左右されぬ
	物に動ぜぬ

（一）この岩井論文は、『応用心理研究』第一巻二号（一九三三年）に掲載されている。表題は「血液型と気質――京都に於ける心理学関係書に於て試みられたる一調査報告書」である。

群を自分の気質としている。一五人はA型に転がり込んだのである。B型一八人中、自分は第Ⅱ群ではないとしたものが一〇人もいた。B型一八人のうちの五五・六％にも及んでいる。なお、O型一四人中自分は第Ⅲ群（O型）であると確信しているものはたった九人に過ぎなかった。A型気質は好まれているようである。

千葉胤成・田中秀雄の研究（一九三三年）

東北帝国大学文学部心理学科の田中秀雄（一）は千葉胤成（二）の指導で血液型をベースにした「気質の分類及びその実験的研究」という卒業論文を提出している。この論文は一九三三年に提出しているが一九三六年に東宛書房から『個性の研究』（東北帝国大学心理学研究室綜合編輯『生活と精神の科学』叢書第一三巻）として刊行されている。田中を指導した千葉胤成は血液型に非常な興味を持っていたが、それは古代の陰陽道《おんみょうどう》に基づいているそうである。一端を挙げてみよう（三）。

（前略）O型とA型とは両端に近く、これに接するものとして一方にB型、他方に皮肉屋をあげうべく、AB型は中央に位する。

これではどうしようもないことである。

なお、千葉論文でわかりやすいものとしては次の論文がある。一九四一年四

（一）田中秀雄は古川学説の有力な支持者。晩年は防衛大学校教授。柔道部の部長として人望があったという。

（二）千葉胤成はドイツ留学中にヴントの蔵書約二万冊を東北帝大に入れるために尽力し成功する。満州国の建国大学教授、終戦で内地に引上げ後、新潟大学、日本大学、駒澤大学教授。千葉の血液型個性研究は超難解であった。大村は彼とは約一〇年、日本大学文理学部心理学科で日常顔を合わせていたが、そのころ血液型個性研究に興味がなかったので尋常の人間関係で終始してしまった。まったく残念なことをしたと思う。

（三）この一節は千葉の高弟に尋ねてもはっきりした回答を得られなかった。『千葉胤成著作集2 無意識の心理学』協同出版一九七二年。

図47　千葉胤成
（1884〜1972）

図48　晩年の田中秀雄
（1905〜1964）

月の第八回日本心理学会における「或る一族における血液型と気質との関係についての調査」である。

千葉胤成の「或る一族…」の血液型についての資料は残念ながら見出されてないが、千葉は血液型と気質との相関を信じ、気質がよくわかっている親近者について調査すれば、ある程度までは一致していることがわかる——とまとめている。田中も一致率の計算をしている。『個性の研究』に載っている実験（被験者一七人）によると適中率七六・五%、自己観察の適中率は五四・六%、他者観察の適中率は四七・七%になっている。田中は普通、心理学の実験において七五%の適中率があれば信頼できるとしている（田中は生理学や薬学でも同様だといっているがそうだろうか）。

岡部弥太郎の意見（一九三四年）

岡部弥太郎（一）は一九三四年の八月に岩波書店から出している『雑誌「教育」特報』に「血液型は気質を示すか　その職業との関係」と題する長文の意見を載せている。その概要を現代的にまとめて記述しようと思う。

気質と血液型とは統計的に見られるかぎりわずかに一致の傾向があるというよりほかはない。血液は気質を規定するひとつの因子であるらしいということがいえるだけである。

（一）当時、岡部は立教大学文学部教授。その風貌が昭和天皇に似ていたので終戦直後地方の人びとをひどく驚かせたというエピソードがある。

正木信夫の研究（一九三七年）

正木信夫は金沢医科大学（現・金沢大学医学部）に拠って古川学説に強烈な反論を展開している。それは一九三二年から数年に及んだようである。彼は一九三二年に「古川氏による気質型と血液型との関係に就いて」を『東京医事新誌』二八〇七号に載せている。正木はその緒言で血液型と気質との関係を最初に報告した人として原来復《きまた》・小林栄を挙げ、引き続いて軍医たちの研究を指摘している。暗に古川が最初の人で

図49　岡部弥太郎
（1894〜1967）

はない——といっているのである。私が古川を最初の人とするのは単にある集団内の血液型をカウントするだけではなく、自省表（気質質問紙）を使って研究したところにある。

表23は正木が前記論文に掲載したもので、古川の自省表の結果と実際の血液型との一致率が非常に低いことがわかる。しかし、古川が調査すると一致率は七〇％を超えてしまうのである。古川の資料を原著の『血液型と気質』から拾ってみると、東京女子高等師範学校生徒の場合では、O型・B型一二六人の一致率八一・七％、A型・AB型一二二人の一致率七九・五％と高率である。しかし、古川は満足していなかった。生徒たちは青年期、すなわち「スツルム　ウント　ドラングの時代（一）」なので心的動揺が激しい。そこで内省がうまくいかないので一致率が低くなっているのだ——と解説している。そして、二七歳から七二歳の成人の場合を引き合いに出し、O型・B型三四人の一致率は九七・一％、A型・AB型二七人の一致率は九二・六％、合計六一人の一致率では九五・一％になっていることを指摘し、自省表と実際の血液型の一致率の信頼性を強調しているのである。

正木信夫はその論文のなかで次のように記述している。原文のまま転載しておこう。

（一）　スツルムは嵐、ドラングは荒波（ドイツ語）、スツルム　ウント　ドラングで一般に「狂瀾怒濤」と訳している。文学史上のことばで理性中心の文学から感性中心の文学に変わったことを意味している。発達心理学では「青年期」を象徴的に意味することばとして用いられる。

表23　古川の自省表の結果と実際の血液型との対応

対　象	人数	平均一致率	平均不一致率
小学生(1)	679	34.02	65.98
小学生(2)	1,440	28.61	71.39
女子校生	396	29.55	70.45
小学校教師（男）	117	29.91	70.09
小学校教師（女）	52	28.85	71.15

我々の経験によると、個人の気質を自省せしむるに当たって、検者の巧妙な誘導によって其の一致率を高める事は大して困難ではない。

この批判は古川のスタンスを明らかにしている。古川は自省表を実施するときによく説明した——と陳述している。正木は血液型と気質の関係を研究するには、㈠偶然的一致率を考慮すること、㈡実験誤差を考慮すること、㈢心理的影響によって判断を動揺させないこと、㈣多数の人びとについて調査すること、㈤血液型の判定に必要な知識を十分に備えていること——の五項目である。

ここで第4章を閉じることにしよう。次の図50に出ている写真は第5章で活躍する古川を中心とする人たちである。

図50　1934年９月８日（土）の第３回血液型座談会[一]。左から石津作次郎（大阪血液型研究所）、田中秀雄（横浜市児童研究所）、中山　要（東京芝済生会産院）、古川竹二（東京女子高等師範学校）、浅田　一（東京女子医学専門学校）。（於　東京九段の軍人会館〈戦後の九段会館・ただし、2011・３・11東日本大震災で中破、のち建て直すことになる〉）

（一）　血液型座談会の第一回は一九三一年三月一七日、熊本市で開催されている。第二回は同年三月一七日、大阪市で開催されている。松田薫によるとこのときはじめて浅田一が顔を出したという。

第5章　『血液型研究』を通して見た血液型個性研究——

創刊号（一九三一年一〇月号）の内容の一部

この第5章は石津作商店が設立した大阪血液型研究所の機関誌『血液型研究』（表24参照）掲載の随想や解説の紹介である。ただし、紙幅のこともあって部分的な紹介になっている。

図51　『血液型研究』創刊号の表紙（人物は、唾液による血液型検査に応じる若槻礼次郎首相）

若槻礼次郎首相の血液型

図51は創刊号の表紙で、人物はたまたま西下していた当時の首相若槻礼次郎である。研究所の所員が血液型の検査を願い出たところ断られてしまった。しかし、第二七代の首相だった浜口

雄幸が右翼の若者に狙撃されて重傷を負ったとき輸血で一時的ではあったが命拾いをしたという話を出したところ渋しぶ応じたそうである。唾液による判定では若槻はA型であった。日本の首相にはO型が多いといわれているが…。

第二号（一九三一年一一月号）の内容の一部

浜口雄幸と若槻礼次郎の血液型

石津の『血液型研究』の第二号には浜口雄幸首相の遭難直後の痛ましい写真が載っている。古川はその写真の下側に「前首相と現首相の気質」という短評を掲載し、前首相と現首相の気質につき、知名の代議士の方々に拙案によって判断してもらったところお二人の血液型とまったく同じだったことが明らかになったと述べている。浜口はO型、若槻はA型なのである。古川は気質の判定が日常の親しい交流によってはじめて理解される証拠であると述べている。

通信簿（現：通知表）に血液型

神戸市西須磨小学校では通信簿に血液型を記載し学業成

表24　大阪血液型研究所発行の『血液型研究』の発行状況（1931〜1935）

巻	号	通巻	発行年月	巻	号	通巻	発行年月	巻	号	通巻	発行年月	巻	号	通巻	発行年月	巻	号	通巻	発行年月
1	1	1	'31.10	1	12	12	'32. 9	2	11	23	'33. 8	3	10	34	'34. 7	4	9	45	'35. 6
	2	2	11	2	1	13	10		12	24	9		11	35	8		10	46	7
	3	3	12		2	14	11	3	1	25	10		12	36	9		11	47	8
	4	4	'32. 1		3	15	12		2	26	11	4	1	37	10		12	48	9
	5	5	2		4	16	'33. 1		3	27	12		2	38	11	5	1	49	10
	6	6	3		5	17	2		4	28	'34. 1		3	39	12		2	50	'35.11
	7	7	4		6	18	3		5	29	2		4	40	'35. 1	（注） 定価は１部（送料共）10銭。 １年（12部、送料共）１円。			
	8	8	5		7	19	4		6	30	3		5	41	2				
	9	9	6		8	20	5		7	31	4		6	42	3				
	10	10	7		9	21	6		8	32	5		7	43	4				
	11	11	8		10	22	7		9	33	6		8	44	5				

績との関係を研究することになった。

石津作次郎の旅行記（一）

石津作次郎はここで「血液型の旅」という随想を寄せている。学問的なものではないが、石津の人柄を知るうえの資料になるのであえて載せることにした。

この随想は石津の北九州における血液型の啓蒙活動を描いたものである。石津は意外にも洒脱な一面を持っていた人で、飛行機上での感想を数首の短歌にしている。一首をあげておこう。

海鳥のかけるが如く水けぶり
たてて着きたり我が飛行機は

図52　石津作次郎一家

第三号（一九三一年一二月号）の内容の一部

スポーツマン・通信技術者・宗教家の血液型

大阪血液型研究所は、スポーツマン・通信技術者・宗教家の三群の血液型分布をまとめ

（一）一九三一年三月一八日、石津は日本航空輸送会社に勤めている甥に薦められていやいや博多から大阪まで飛行機（フロートが二脚付いた水上機）に乗ることになる。予約した人は二人。風が強いため一人がキャンセル。そこで乗客は作次郎一人。彼は〝屠所に引かれる羊〟の思いで乗り込んだと書いている。ずいぶん揺れたようであるが、博多市外の名島発八時五〇分、正午大阪湾着水。作次郎はメモ魔でもあったらしく短歌一七首とともに機上から展望した風景も記述している。彼はいったん帰宅し、中山文化研究所における講演会「血液型と其の検査法供覧」に出かけることになる。実にエネルギッシュな人である。

図53　『血液型研究』第４号（新年特大号）。表紙は「宝塚少女歌劇（現在の「宝塚歌劇」）公演『血液型』。

ている。スポーツマンには男女ともにO型が多く（四六・九六％）、通信技術者の競技大会の出場選手にもO型が多く、宗教家においてもO型が多少目立つと記述されている。これらの統計的解説は当時の統計学の未発達は別にしてもひどい資料である。O型が宗教家らしい――ともいっているがなんのことだろう。

第四号（一九三二年　新年倍大号）の内容の一部

宝塚少女歌劇団で『血液型（サンガティポ）』上演

この第四号の表紙（図53）は一九三一年の暮に兵庫県にある宝塚少女歌劇団(一)（現：宝塚歌劇団）が上演した『喜歌劇　血液型（サンガティポ）』の一場面である。この喜歌劇の台本は『血液型研究』の通巻第五号〜第七号に掲載されている。面白いことに日本語の横にエスペラント語の訳が付いている。

古川竹二「人の個性」①〜④　最終回

（一）宝塚少女歌劇団は、一九一四年、小林一三（実業家、第二次近衛内閣の商工大臣）が、宝塚温泉の来客のために作った日本最初の女性だけの歌劇団。現在、月組、雪組、花組、宙《そら》組の四組がある。

古川竹二はこの月刊誌の創刊号からずっと「人の個性」という題目で血液型と気質について解説している。彼はこの最終回で「人を採用する場合でも血液型だけを見たらそれでよいようにすぐ考える人もいますが、それは大いなる誤りで血液では血液型を見るだけで、それによって全体が判るかということは断言できません。気質を見る参考にはなりますが、その他、学校の成績も見る、体格も見る、総合的に見て人を採るほうがよいと思います。血液型だけで採るということはすこぶる意味がないことです」とまとめている。

この古川の結論は非常に興味がある。これが古川の真意ではないだろうか。

第五号（一九三二年二月号）の内容の一部

石川七五三二《しめじ》の「血液型心理学」

血液型研究に熱心な石川は第五号で初めて「血液型心理学」ということばを使っている。彼はその冒頭で次のように述べている。すなわち「人間性そのものの本質を究明せんがための最後的目標に向う過程として、情意的素質研究に関する各般の心理学的業績を渉猟しつつあった私はたまたま古川学士の血液型と気質との関係に就いての偉大なる業績を拝読するに及んで、ここに私の性格研究に一新生面を展開せしめるとともに、私の性格的類型、あるいは個性型研究の体系とこの新なる血液学的研究との相関の問題が最も興味ある題目として提出されるにいたったのである」とまとめている。石川はここでせっかく「血液型心理学」ということばを使ったのにどうしたことかその後この新語を使っていない。不思議である。

海軍兵の血液型（志願兵と徴兵の比較）

現代の若者には理解できない点であるが、かつての日本には、男子は徴兵に服す義務があって満二〇歳になると否応なしに徴兵検査を受け兵士として訓練を受ける。しかし、二〇歳未満でも兵士になることができた。これが志願兵である。海軍の宇田川祐軍医は表25をあげて、次のようにまとめている。

「志願兵には意志堅実なるO型、忠順なるA型が多くして、感情的なるB型とムラ気なるAB型とは少なし。徴兵にはO型およびA型が少なくB型およびAB型が著しく多い。すなわち、志願兵は堅実なる気風の者、忠順なる性分の者が自己の進退を理知的に考えてより海軍兵を志願するごとく見え、徴兵は同じ兵役に服するなれば海軍のほうが好ましいというが如き感情から海軍を希望するものの如く見ゆ」——とのことである。

表25を見ると、O型が志願兵に三〇・五％、徴兵に二五・六％となっている。A型においては、志願兵に三九・七％、徴兵に三八・七％となっている。それ

表25　海軍志願兵と徴兵の血液型（％）

対　象	人数	A型	B型	O型	AB型
志願兵	1,382	39.7	21.6	30.5	8.2
徴　兵	577	38.7	25.0	25.6	10.7
日本人	20,297	38.2	21.2	31.0	9.6

は宇田川軍医が示唆しているとおりだが、そんなことがいえるだろうか。

第六号（一九三二年三月号）の内容の一部

スポーツマンの血液型

三宅徳三郎と橋本敏雄（岩手医学専門学校）はいろいろなスポーツを好んでいる学生（ここでいうスポーツマン）一三三人の血液型を調査している。表26はその結果である。かれらはスポーツマンと日本人（古川の標準）との差をA・B・O・AB四群の比率の差で表わしている。このような表示の仕方は珍しい。三宅と橋本は、スポーツそのものの性質は積極的で、強い意志、果断、技巧などを要するものであるから、O型とB型が比較的多いこと、A型とAB型が比較的少ないこと、団体気質が一・六〇であることは十分に理解できることである――ということでまとめている。なにか牽強付会の感が残るまとめである。

ラグビー選手の血液型

石津の大阪血液型研究所は一九三二年一月二日から三日間、花園および甲子園グラウンドで開催された第七回全国高等専門学校蹴球大会・第一四回全国中等学校蹴球大会の出場選手の血液型を唾液によって検査している。一二〇人についての結果は、A型三四・一%、B型一九・二%、O型四三・五%、AB型三・

表26　スポーツマンの血液型（%）

対　象	人数	A型	B型	O型	AB型	団体気質 A/P
スポーツマン	133	33.1	27.8	33.8	5.3	1.60
日本人	20,297	38.2	21.2	31.0	9.6	1.09
差	……	−5.1	+6.6	+2.8	−4.3	……

二％で、O型が日本人の標準（三一・〇％）よりかなり多い。ヒルシュフェルトの生物化学的人種指数（本書三二ページ参照）では一・六七でヨーロッパ型にはならないが、古川の団体気質では一・六八となり、表26のスポーツマンの一・六〇のレベルと相応することになる。

第七号（一九三二年四月号）の内容の一部

新刊紹介　古川竹二『血液型と気質』

古川竹二の著書『血液型と気質』が東京の三省堂から発刊されたことを紹介している。その一部をできるだけ原文に近いかたちで転載しよう。

「情意的素質の研究と血液型の研究に関連するあらゆる文献を縦横に引用し、ていねいに情意的傾向と血液型とが密接な関係にあることを力説している。古川の所説の支持者はもちろんのこと、反対を唱える人もぜひ一読してほしいと思う」とのことである。

第八号（一九三二年五月号）の内容の一部

野球選手の血液型

大阪血液型研究所は三月三〇日から七日間、甲子園で開催された第九回全国選抜中等学校野球大会における正選手だけでなく予備選手（補欠選手）の血液型にまで調査をひろげている。表27がそれであるがやはり正選手・予備選手を合わせた人数二六一人でもO型は四四・八％（一一七人）を占めている。

小学校教師（小学校訓導）の血液型（その1）

富山県立氷見中学校の太田外正は「小学教師の血液型」と題する長文の論文を投稿している。正確にいえば「小学校訓導の血液型」と書くべきだったと思う。小学校の場合、現代は教諭と呼んでいるが旧制小学校では訓導（教え導くという意味）と呼んでいた。太田外正は古川の団体気質、特に職業集団における血液型に興味を持ってこの研究をはじめたといっている。それでは結果はどうなったであろうか。

　太田がまとめた資料は表28のとおりである。上段から説明しよう。小学教師（太田）とあるのは太田が収集したもので資料の収集先は書かれていない。多地域に散らばっているらしい。次の小学教師（古川）は古川の『血液型と気質』所載のもので某県の主として男性教師としているだけで詳細は不明である。三段目にある氷見郡の住民というのは太田が富山県氷見郡の住民について調べたもので、金沢医大（現：金沢大学医学部）の研究者の調査と太田自身の調査をまとめたもので、（この地区の住民に）O型が多いことがわかる。しかし、氷

表27　全国選抜中等学校野球選手の血液型

対　象	人数	A型	B型	O型	AB型
選　手	261	80	51	117	13
%	……	30.7	19.5	44.8	5.0
日本人	20,297	38.2	21.2	31.0	9.6

見郡出身の教師三二人（太田は検査人員の少ないことは考慮しなければならないが――とことわっているが）においてはO型が非常に少ないのは興味深いことだといっている。

太田は、「小学教師は従順、温和で綿密であり、どちらかといえば保守的な人が多いようである。このことは職業団体が自然にそうさせるのかもしれないが、しかし、それほどの重大な影響力を及ぼすとは考えられない。やはりA型が多いからではないだろうか。この調査は古川の所説を十分に裏書きするものである」としている。

古川は表28の二段目にある二二一人の血液型の解説として、O型が大いに減じA型が大いに増加している。つまり、小学教師はペスタロッチ的な優しさと温和さ、どちらかといえば保守的な人が多く、政治家に見られるような積極的で進取的な人は少ないようである。このことはわが国の教育界の事情に通じていることであるとまとめている。

小学教師（小学校訓導）の血液型（その2）

古川も太田も小学教師A型説を評価しているが次の表29はそれがおかしくなってくる資料である。これは古川の『血液型の気質』に堂々と掲載されている資料である。古川は次のように説明している。

表28　小学教師の血液型

対　象	人数	A型	B型	O型	AB型	団体気質 A/P
小学教師（太田）	84	50.0	9.5	32.2	8.3	0.72
小学教師（古川）	221	43.9	19.9	24.4	11.8	0.80
氷見郡の住民	611	30.6	21.3	41.4	6.7	1.68
同上出身の教師	32	59.4	9.4	28.1	3.1	0.60
日本人	20,297	38.2	21.2	31.0	9.6	1.09

「男子と女子との間の著しい相違点は男子においてはA型が五五・六%に達しているのに対して女子においてはわずか二二・二%にすぎない。しかれども、積極的であるB型が男子に二二・二%にすぎないのに反し、女子では五五・六%に達しているのである。団体気質においても女子は三・五〇と高い。女子の職業的教育方面に対し開かれている領域のはなはだしく狭いわが国においてかかる現象（注：B型女子の教育的職場への進出をいう）を見ることは当然と考えられる。B型女子は積極的なので小学教師になるのだ」というのである。どうも詭弁的な説明の感が強い。なんといっても対象がたった九人というのは少なすぎる。

第九号（一九三二年六月号）の内容の一部

犯罪者の血液型

犯罪者の血液型についてはすでに石橋無事の研究結果が表19に示されている。石橋の研究は新潟県下の刑務所に収容されている受刑者であるが、日本赤十字社香川支部の藤澤秀圃は近畿・中国・四国三地方の一、〇四五人の受刑者を調査したところ、A型三九七人（三八・〇%）・B型二四一人（二三・一%）・O型三〇七人（二九・四%）・AB型一〇〇人（九・五%）となり、日本人の血液

表29　男性教師と女性教師

対　象	人数	A型	B型	O型	AB型	団体気質 A/P
男　子	9	55.6	22.2	11.1	11.1	0.50
女　子	9	22.2	55.6	22.2	0.0	3.50

型の古川標準とまったくといってもいいほど変わりがないことがわかった。

石橋は犯罪者を、偶発性・習慣性、初犯・知能犯・無知的暴力犯などに分けて統計をとっている。藤澤は細かい分類（例えば無知的暴力犯の場合、殺人・傷害・強盗・放火など）をしている。これを石橋の資料と対応させるのが無理なので、表30には全体的な対応で済ませることにしよう。

藤澤は、B型においてやや増加しA型においてやや減少している——といってはいるがA型においてもやや増加しているのである。藤澤は、窃盗・贓物（一）に関する犯行を第一群、傷害・殺人・強盗・放火などを第二群、詐欺・文書偽造・通貨偽造・治安維持法違反（二）などを第三群としてまとめている。そのまとめによると、第一群はA型・O型に多く、第二群はB型、第三群はA型が著しく多く、またB型も多いことを認めている。第二群は石橋によると無知的暴力犯に当たるものでO型に目立っている。第三群は石橋の知能犯に近似したものであるが、これは石橋も藤澤も

表30　犯罪者の血液型（藤澤秀圃）

犯行種別	A型	B型	O型	AB型	合計
第1群 窃盗	173 (38.7)	94 (21.0)	143 (32.0)	37 (8.3)	447 (100.0)
第2群 殺人 強盗など	167 (36.0)	113 (24.3)	134 (28.9)	50 (10.8)	464 (100.0)
第3群 詐欺 偽造など	61 (44.9)	34 (25.0)	29 (21.3)	12 (8.8)	136 (100.0)
合　計	401 (38.3)	241 (23.0)	306 (29.2)	99 (9.5)	1,047 (100.0)
石橋資料	(33.4)	(20.2)	(36.9)	(9.5)	(100.0)
日 本 人	(38.2)	(21.2)	(31.0)	(9.6)	(100.0)

（注）表中の（　）内の数値は％である。

（一）贓物とは他人のものと十分に知っていながら勝手に売買する犯罪のこと。

（二）治安維持法とは旧憲法のも

A型の多数を認めている。

第一〇号（一九三二年七月号）の内容の一部

植物神経系の緊張型と血液型

植物神経系とは自律神経系のことである。長崎医科大学（現：長崎大学医学部）の田上中次・田中研一と山口県立豊浦中学校の武田義昌は「山口県豊浦中学校生徒に就いて行ないたる植物神経緊張型および血液型の検査成績ならびにこれと気質および学業成績との関係に就いて」という超長い題目の研究を寄稿している。この研究は次号に続くもので、田上式の植物神経系緊張型判定検査と血液型四群との関連を明らかにしようとするものである。この検査は、自律神経系のうち交感神経系が活発なタイプ（第1型）、その反対に副交感神経系が有力なタイプ（第2型）、両者の混合したタイプ（第3型）を判別する質問紙である。この判定検査についての項目は第一一号で紹介することにしよう。

第一一号（一九三二年八月号）の内容の一部

田上式判定検査と血液型

交感神経系緊張型（第1型）検査　①一般に健康で感冒などにかからない。

とで一九二五年に成立した思想統制などを含む法律。新憲法のもとではもちろん廃止されている。

②行動が活発である。③多弁である。④ものごとをするのを苦にしない。⑤あきらめが早い。⑥怒りっぽい。⑦決断が早い。⑧世渡り上手である。⑨努力家である。⑩欲求（欲望）が強い。

（注：外向的な感じの強い、生き生きした感じの人が想定される）

副交感神経系緊張型（第2型）検査　①一般に健康度が低く感冒などにかかりやすい。②行動は活発ではない。おとなしい――という印象が強い。③口数が少ない。④同情心は強いが進んでものごとに当たる勇気に乏しい。⑤あきらめは遅い。気持ちの転換も遅い。⑥てきぱきとものごとを処理できない。⑦引込思案である。⑧気が弱い。⑨欲求（欲望）は強くはない。⑩ほとんど怒ることがない。

（注：内向的な感じの強い、おとなしい人が想定される）

右に一〇項目ずつ特徴を並べたが原文どおりではない。原文は時代の相違もあるがとても現代に通用するものではないのである。一例をあげておこう。

行動敏活を欠き容易に疲労し静居を好み万事に「オトナシイ」態度をとる。

この項目をここでは、「行動は活発ではない。おとなしい――という印象が強い」というふうに書き直してある。

交感神経系緊張型・副交感神経系緊張型の混合したタイプ　これは質問紙の回答によって決められている。

血液型との関係は表31のとおりであるが、血液型との関係はあるのか？

この研究の中心になっている武田義昌は大要次のようにまとめている。

「血液型は生涯を通じて不変であるといわれているが、この植物神経系の緊張型は不変ではない。年齢の推移、疾病、環境の変化および気候などによりさまざまに変化をきたすものである。しかも、各型ともにこれは血液型と違って量的関係が著しい。第１型でも程度の軽い者は元気の程度が比較的少なく第２型のほうに接近する（以下略す）」

このようなスタンスでは植物神経系の活動と血液型との関連を求めていくのは無理というよりは無茶というほかはないと思う。

表31　３型と血液型との関係

	第１型	第２型	第３型
A型	44 (18.2)	127 (52.5)	71 (29.3)
B型	26 (26.8)	33 (34.0)	38 (39.2)
O型	78 (27.8)	110 (39.1)	93 (33.1)
AB型	17 (25.7)	24 (36.4)	25 (37.9)

（注）表中の（　）内の数値は％である。

犯罪者の血液型

藤澤秀圃は第九号に引き続いてほとんど同じ資料で犯罪者と血液型についてまとめている。今回は表32の犯行回数と血液型、表33の刑務所に収容される前の職業と血液型——の関係である。藤澤は二つの資料でヒルシュフェルトの生物化学的人種指数を記載しているが、ここでは古川の団体気質に替えることにした。表32では累犯者と習慣性犯罪者（藤澤と石橋）の血液型が比較され、表33には犯罪者の職業別血液型（藤澤）が表示されている。犯罪者に特徴的な血液型が見出せるであろうか？

第一二号（一九三二年九月号）の内容の一部

陸軍砲兵の血液型

一九二六年に平野林軍医と矢島登美太軍医が愛知県豊橋市に駐屯している野砲第一連隊の兵士七五四人について血液型研究

表32　犯行回数と血液型（藤澤と石橋）

対　象	人数	A型	B型	O型	AB型	団体気質 A/P
初犯者	360	132 (36.7)	90 (25.0)	98 (27.2)	40 (11.1)	1.09
累犯者	685	265 (38.7)	151 (22.0)	209 (30.5)	60 (8.8)	1.11
習慣性犯罪者	391	138 (35.3)	78 (20.0)	138 (35.3)	37 (9.4)	1.24

表33　犯罪者の職業と血液型（藤澤）

対　象	人数	A型	B型	O型	AB型	団体気質 A/P
商　業	245	88 (35.9)	64 (26.1)	71 (29.0)	22 (9.0)	1.23
農　業	152	51 (33.6)	34 (22.4)	47 (30.9)	20 (13.1)	1.14
職　人	339	136 (40.1)	69 (20.4)	101 (29.8)	33 (9.7)	1.01
筋肉労働	77	32 (41.5)	16 (20.8)	23 (29.9)	6 (7.8)	1.03
インテリ階級	109	36 (33.0)	24 (22.0)	39 (35.8)	10 (9.2)	1.37
無　職	120	54 (45.0)	31 (25.8)	26 (21.7)	9 (7.5)	0.90
合　計	1,042	397 (38.1)	238 (22.8)	307 (29.5)	100 (9.6)	1.10
石橋資料（表19）	500	177 (35.4)	103 (20.6)	170 (34.0)	50 (10.0)	1.20
日本人	20,297	38.2	21.2	31.0	9.6	1.09

をしたことは本書の二七ページで紹介している。ここで紹介する研究は、九州の熊本市に駐屯している砲兵第六連隊の将兵の血液型についてである。砲兵とは大口径の火砲を操作して敵を攻撃するのが専門の兵士のことである。砲兵という兵団のなかには、砲撃の目標を観測する観測手、通信連絡を任務とする通信手、砲車を引っ張る馬を操る兵士（馭者）など多数の専門の兵士がいる。軍医の武内文次は第六連隊の将兵一、三二四人の血液型を調査している。私はそのうち砲手・観測手・通信手についての資料を取り上げ表34にまとめることにした。

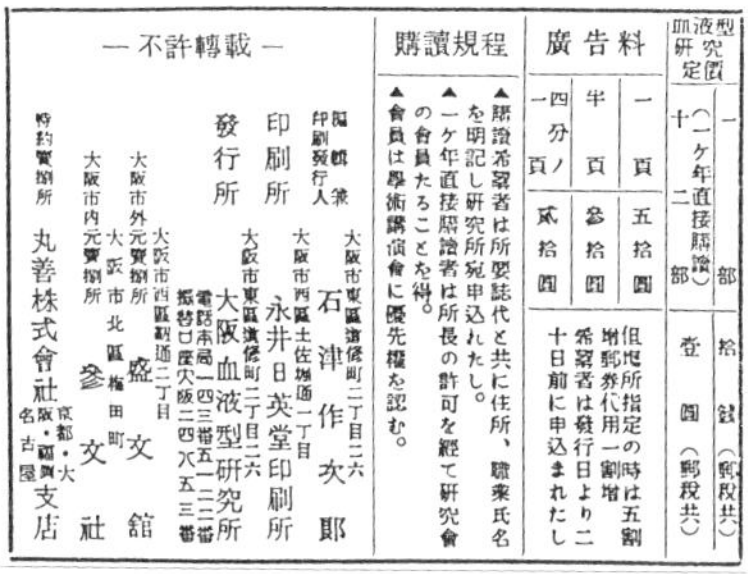
血液型研究定價
一部　拾錢（郵税共）
十二部（一ケ年直接購讀）　壹圓（郵税共）

廣告料
一頁　五拾圓
半頁　參拾圓
四分ノ一頁　貳拾圓
但地所指定の時は五割増　郵券代用一割増　希望者は發行日より二十日前に申込まれたし

購讀規程
▲購讀希望者は所要誌代と共に住所、職業氏名を明記し研究所宛申込れたし。
▲一ケ年直接購讀者は所長の許可を經て研究會の會員たることを得。
▲會員は學術講演會に優先權を認む。

— 不許轉載 —
編輯兼印刷發行人　大阪市東區道修町二丁目二六　石津作次郎
印刷所　大阪市西區土佐堀通一丁目　永井日英堂印刷所
發行所　大阪市東區道修町二丁目二六　大阪血液型研究所　電話本局一四三番五一二二番　振替口座大阪二四六五三番
大阪市外元賣捌所　大阪市西區靱通二丁目　盛文館
大阪市内元賣捌所　大阪市北區梅田町　參文社
特約賣捌所　丸善株式會社　京都・大阪・福岡・名古屋支店

図54　『血液型研究』12号の奥付

武内軍医の解説のうち表34に関連しているものだけを要約して記述してみることにする。すなわち、観測手には忠順綿密なA型が多く団体気質は〇・六九である。通信手にはO型が多く団体気質は一・二〇である。これらの事実はだいたい各兵の任務と血液型との関係の一致を物語るものだ——というのである。たしかに観測は緻密な作業である。そこでA型が合っている。通信はアクティヴな作業なのでO型が合ってい

表34　砲手と観測手・通信手の血液型

対象	人数	A型	B型	O型	AB型	団体気質 A/P
砲手	172	38.4	19.2	33.1	9.3	1.10
観測手	34	54.2	16.0	24.8	5.0	0.69
通信手	66	41.0	13.6	40.9	4.5	1.20

ると説明されているのである。勝手気ままな説明である。

第一三号（一九三二年一〇号：一周年記念号）の内容の一部

血液型研究の応用範囲に就いて

長崎医科大学（現：長崎大学医学部）の浅田一《はじめ》は、メモ書きのようなかたちで次のような記述をしている。興味深いところをいくつか取り出してみよう。

一、小学校児童などでは気質と血液型とが古川先生のいうようには合わないが、自省力の発達につれて適中率が増加する傾向がある。このことは気質検査に欠陥があることの証拠である。将来これを改善する必要がある。

二、疾患と血液型とは多少の関係があるらしい。血液型と結合した遺伝的疾患があるようである。

三、血液型の胎生学的発達についてはO型が原始的であるという説（ベルンハイムたちによる）とAB型が原始的であるという説（大庭・西によるとがある。

四、血液型は原則として一生不変ではあるが、罹患その他の原因で一時的に型が変わることもあるという。

五、月経の初潮はO型に早く持続日数は最も短い。

六、植物神経系（自律神経系）の緊張状態と血液型との関係であるが、A型に副交感神経緊張型が多い。O型には交感神経緊張型が多い。B型とAB型には神経質な人が目立っている。

七、O型とB型は甲状腺副腎系統の活動が顕著で疾患に対する抵抗力が強く治癒も速やかであるが、A型とAB型は疾患に対する抵抗力が弱く治癒も遅々としている。

このように血液型はさまざまな領域と関連しているから、臨床医家は血液型についてよく知っていなければならないし、人を使う場合にもその人の血液型を知っておく必要がある。将来戸籍登録の際もそこに血液型を記入していきたいものである。

古川竹二の「偶感」

偶感とはたまたま頭に浮かんだことである。この偶感の内容は実に面白いが紙幅のこともあってすべてを載せられない。ここでは歴史的人物の血液型の推定だけにとどめようと思う。

歴山大王（アレキサンダー大王）についてはO型であることに疑う余地がないといっている。古川は西郷隆盛の熱心な崇拝家で隆盛についての数多くの資料を渉猟してA型と推定している（実は隆盛は遺髪からB型と確定している）。

古川はA型なので、崇拝する隆盛をA型とする心情が強く心を揺さぶったのではないだろうか。

古川は次に豊臣秀吉を取り上げている。古川は側室の淀君をO型と推定し、秀吉がO型だったらその子秀頼もO型であるとした。このようにして古川の想像は続いていく。秀吉はその後血判からO型だと判明したが、淀君の血液型は不明である。もしも淀君がA型だったら、B型だったら、AB型だったら——という空想は面白い？　かもしれないが、秀頼の父親は秀吉だったのか？（一）

第一四号（一九三二年一一号）の内容の一部

山陰地方島根県出身兵の血液型

山陰地方の血液型は半島との交流もあって興味深く研究されている。一九三〇年に高原武一軍医は「山陰地方出身兵の血液型」と題する論文を『海軍軍医会雑誌』第一九巻四号に掲載している（高原は陸軍の軍医）。この論文は『犯罪学雑誌』第三巻三号にも掲載されている。前者は短編である。高原がどの連隊を研究対象にしたか明らかにされていないが、軍医の今田泰は歩兵第二一連隊の一九三一・三二年度の新規入営者一、四五二人の血液型について報告している。（二）表35は一、四五二人の血液型分布であるが、今田は次のように解説して

（一）一九一一年八月の宝塚歌劇宙組公演では淀君と石田三成のロマンスを描いている。実際、秀頼は——という話もある。

（二）この連隊は太平洋戦争時にシンガポール攻略戦に参加、その後ニューブリテン島ラバウルに進出、さらにガダルカナルに増援に向かう予定だったがアメリカ軍に阻まれ、ニューギニアに転戦、アメリカ・オーストラリア軍に撃ちのめされ、ニューギニア東部で終戦を迎えることになる。不運な連隊である。

表35　歩兵第21連隊新入営者の血液型分布

対　象	人数	A型	B型	O型	AB型	生物化学的人種指数
新入営者	1,452	570	293	422	167	……
%	100.0	39.2	20.2	29.1	11.5	1.60
日本人（中部・関東）	14,436	36.9	21.9	31.4	9.8	1.60

いる。要点は次のとおりである。

この山陰地方出身の兵士（新入営者・初年兵という）の血液型の比率と日本人の標準（中部・関東の兵士）とを比較するとA型が多くO型が少ないとしている。

今田はこのように記述しているが、私は今田のいうところの「A型の比率が大でO型の比率が小である」ということは取り上げるほど著しいものではないと思う。表35では、A型では二・三％多く、O型では二・三％少ないだけである。現在、多くの研究者が常用している推計学的方法に拠れば有意な差があることになるかもしれないが、全体はそう簡単には動かないのである。

第一五号（一九三二年一二月号）の内容の一部

鹿児島県人（男子）の血液型

済生会鹿児島診療所の医師和田国三郎は、鹿児島県人（薩摩人）に興味を持っていた。その理由は約三〇〇年間他国人の入国を許さないで鎖国を貫き、しかも南方に

表36　鹿児島県人の血液型

対　象	人数	A型	B型	O型	AB型	団体気質 AP
北　薩	306	40.5	19.6	30.1	9.8	0.99
南　薩	869	43.8	19.8	30.0	6.4	0.99
大　隅	230	41.4	17.8	33.0	7.8	1.03
離　島	123	37.4	15.4	38.3	8.9	1.16

（注）離島とは、種子島、屋久島、奄美大島、徳之島をいう。

手を伸ばし一七世紀には琉球（現・沖縄）を事実上手に入れている。私（大村）は幕末における会津・長州・薩摩の動きに興味を持っている。会津や長州はリジッドだったが、薩摩は驚くほどスマートであった。表36は和田がまとめた北薩地方・南薩地方・大隅地方・離島地方の血液型分布である。

和田は、大隅地方にO型がやや多く、南薩地方にA型がやや多きほかおおむね似かよった比率を示しているが、離島地方ではO型が特に多くA型がかなり減少している。これは注目すべき現象である——と指摘してい

表37　沖縄島と台湾における血液型分布

地域	人数	A型	B型	O型	AB型	団体気質 A/P
沖縄島(1)	1,831	33.6	19.4	37.8	9.2	1.34
〃 (2)	262	37.3	19.3	33.6	9.8	1.12
〃 (3)	168	40.4	16.1	38.1	5.4	1.18
〃 (4)	1,298	36.5	21.1	35.1	7.3	1.28
〃 (5)	134	35.7	21.9	28.6	13.8	1.02
〃 (6)	17	35.3	11.8	41.1	11.8	1.12
〃 (7)	41	31.7	21.9	36.7	9.7	1.42
総　合	3,751	35.2	19.9	36.2	8.7	1.28
台湾（非先住民）	234	29.1	20.9	42.7	7.3	1.75
〃 （台北）	3,265	27.1	23.0	43.5	6.4	1.98
総　合	3,499	27.2	22.9	43.4	6.5	1.97（一）

（一）団体気質が一・六〇以上になるとまとまりがない団体だという。アクティヴなものばかりの集団だからである（第3章の表5・表6参照）。

る。人種・民族的問題が横たわっているからである。
和田はさらに沖縄島における血液型分布についても触れている。表37は沖縄島の住民についての七件の血液型分布（含：総合）と台湾の先住民に関する二件の血液型分布（含：総合）である。和田がなぜ台湾を持ち出したかは人種的なつながりを考えたようである。南薩地方・離島・沖縄・台湾――という海路のつながりを考えていたらしい。「血液型と性格」よりは人種問題に興味があったのであろう。しかし、古川の団体気質に触れているところはなにか中途半端な感じがする資料である。

第一六号（一九三三年一月号）の内容の一部

血液型と気質に関する心理学的研究

名古屋教育研究所の石川七五三二《しめじ》は「血液型と気質に関する心理学的研究態度」と題する論文を書いている。

A：血液型は遺伝的に決定される終生不変の生理的事実である以上、これと関係づけられる気質型も素質的で恒常的な心理的事実でなければならない。しかし、この気質を決定する心理学的方法がしっかりしていない。

B：もしもこの素質的気質型を決定することができないならば、できる

（一）　サイコロジストは実験というと瞬間露出器による認知の研究や、ＰＧＲによる反応研究などを念頭に浮かべるが、古川や石川のいう実験は広義である。

だけ多方面について気質的特徴が表われる精神作業を実施して、その結果と血液型との関係を考察すべきである。

C：各種の実験的研究の結果得られた事実と、従来の気質分類との関連についての研究が欠けていることも考慮しなければならない。

石川があげた三項目中、Aはさておき B と C はソフトな意見である。ただ石川のいう実験ということばは実験器械（アパラタス）によるものだけでなく調査や検査のようなものも含んでいることを理解してほしい。古川の『血液型と気質』には実験ということばがしばしば表われてくる。血液型の判定もある職業集団における血液型の頻数調査もともに実験ということばでまとめている。

古川竹二が疑問に応える

これは古川が多くの疑問に応えるもので、サイコロジストは納得するであろうか？　ここでは古川の回答と私のコメントをまとめることにする。

A：血液型と気質については年来私（古川）が主張していたことで両者の関係は疑う余地はない。もちろん、枚挙した気質的特徴が完全といっているわけではない。修正されるかもしれないが、私の所説が逆転するとは考えられない。

私の所説に対して反対する人たちには三種のタイプがあるようである。

(1)　最初からそのようなことはない――という冷笑的な態度をとる人たちがいる。

(2)　私が作成した気質表（自省表）を青年期の若者に実施して一致率が低率だからおかしいという人たち。この時代（青年期）の若者たちの自省表に対する回答はよほど吟味しなければならない。

(3)　身体的な血液型と精神的な気質とがどのような因縁で結び付いているかが解明されない以上、古川の所説は妄説にすぎないという人たち。しかし、なぜということがまだ解決していない事象が自明のこととされているではないか。

(1)はあまりにも極端な反論である。(2)については、古川は自省表を実施するときよく説明したと述べている。暗示になっていないだろうか。古川が血液型四群のそれぞれについてどのような考えを持っていたかは東京女高師の生徒たちは熟知していたのではないだろうか。(3)については確かに古川の指摘どおりであるが、未来についてはまったく未知である。

古畑種基の「血液型と気質」問題評

金沢医科大学（現：金沢大学医学部）の古畑種基はこのころウィーンの国際犯罪学会の名誉会員になっている。その他、ドイツの血液型学会の名誉会員でもあり、四〇歳の若さでその名声は世界的であった。その古畑が、古川の血液型気質相関説に疑問を、しかも古川の根拠地『血液型研究』にソフトではあったが一撃を与えたのである。全文をそのまま掲載したいところではあるが紙幅のこともあるので要旨を掲載しておこう。

血液型と気質が関係しているということになるとたいへん結構なことで、各方面に利益することと思うが、現在のところでは関係は疑わしいように思う。私は血液型と気質の関係を肯定している人たちの大多数は「心理的錯覚」に陥っているのではないかと思う。一九二七年から現在にいたるまで私の教室で調査した範囲内では両者の関係は発見できなかった。「科学的迷信」とまではいえないが「心理的錯覚」が多分にあると疑われる。とにかく現在のところ私はこの問題に賛成も否定もしないが私の研究室での一致率は約三〇％しかない。偶然の適中率は「五〇％±平均誤差」となるはずであるから、三〇％ぐらいの適中率は偶然的なものと思われる。しかし、一般の人びとはこのくらいの適中率があるとよく適中していると思ってしまう。殊に被験者が一〇〇人以下であれば七〇％ぐらいの適中率になることもあると思う。血液型と気質の関係については私は大なる疑問を持っている。

血液型研究の将来に嘱望する

九州帝国大学（現：九州大学）の田中義麿は次のように記述している。

　血液型と気質・体質と関係がないとはいえないと思う。手相や骨相で判断するよりは根拠がありそうである。ただ、今後考察すべき点を挙げると次のようになる。

㈠　血液型の種類を多く発見すること。現在のようにA・B・O・ABの四群にとどまっているかぎり複雑な気質に対応できない。そこで血液型の種類のさらなる発見、あるいは小区分についての研究が必要である。(一)

㈡　気質の分類にも問題がある。現在用いられているものはなんとなく粗雑な感がある。単に闊達とか、細心とか、快活とか、内気とかというだけではなく、もう少し分析的に分類できないものであろうか。

㈢　単にある血液型の人にこのような気質の人が多い——というだけではなく遺伝的に血液型と気質の連関を研究すべきである。

㈣　これまでの研究では一群の人びとにある血液型がなん%で、ある血液型が——という文脈であるがこれでは不完全なものといわなければならない。ぜひ誤差の計算をして信頼性を確かめる数学的研究が必要なのである。

(一)　女性向きの大型の雑誌では、父親や母親の血液型をも考慮して一四群にも分けて気質・性格を記述している。そのほか怪しげなアンケートに応えるスタンスによってなんとDNAまでも想定し、血液型と関連させて気質・性格を査定する珍案もある。

(五)　最初からある血液型の人にはこういう気質——というような先入観を持って調査をしたのでは結果の正確性を期しがたい。虚心坦懐で研究を進めなければいけない。

すべての科学的研究は非常に多数の事実を集めてそのなかから一貫した理論を引出すべきで、少数の材料をもって早急に組立てた理論、または独断を先にしてその杓子定規をもって他の大多数の事実を測定していく態度は最も慎まなければならない。

ここに記述した前掲最終四行の文章は現在の推計学を徹底して活用している心理学的研究に対する警告——と考えていいと思う。

血液型と気質

西弘二は医学の立場から自分の子ども（六男・二女）を観察し血液型の研究をしている。西は開業医で浅田一や石津作次郎とも親交のある人物である。表38は父親（AB型）と母親（AB型）が推定した自分の子どもたちの血液型である。

面白いことに西医師は自分がAB型であることは知ってはいたが、夫人については知らなかった。夫人は表38の判定後に検査した結果AB型であった。それにしても自分のすぐそばに日常いる子どもの血液型についてもなかなか適中しないものである。

表38　両親が見た子どもの血液型

対象	長男	次男	三男	四男	五男	六男	長女	次女
母親の判定	A型かAB型	A型	A型	B型かAB型	A型	B型	AB型	O型かAB型
父親(西)の判定	A型	A型	A型	B型	A型	B型	B型	B型
実際の血液型	B型	A型	A型	AB型	B型	AB型	AB型	AB型

第一七号（一九三三年二月号）の内容の一部

古川学説と血液型の一致・半一致・不一致

九州医学専門学校の川畑是辰は「女学生の血液型と気質・知能・体質・運動等との関係に就いて」という論文を書いている。ここでは川畑の古川学説の妥当性批判ともいうべきところを突いてみようと思う。

川畑は久留米市のある高等女学校生徒三八一人を対象にして古川が作成した自省表の結果と実際の血液型の結果とを対応させている。他にも同じような研究があるが、川畑は一致・半一致（おおよそ一致）・不一致の三段階に分けているのは面白い。川畑の調査は一年から四年、それから専攻科にまで及んでいる。川畑の資料が広汎なので三年一組をサンプルにして古川学説の問題を考察しよう。一致率はA型・八七・五%、B型：一〇〇%、O型：五五・六%、AB型：一〇〇%。半一致率はA型：一二・五%、O型：二七・八%。不一致率はO型だけで一六・六%である。この一致率と半一致率には驚かされる。

第一八号（一九三三年三月号）の内容の一部

日本法医学会第一八回総会

一九三三年三月二八日、岡山医科大学（現・岡山大学医学部）の生化学教室講堂で開催されている。この日、どうしたことか古川竹二は出席していない。発表題目のうち血液型と気質に関係しているものは次のとおりである。

血液型と気質に関する疑義　吉田寛一（広島）
血液型による気質類型に就いて　守安直孝（岡山）
血液型と気質との問題に就いて　正木信夫（金沢）
血液型と気質　浅田　一（長崎）

これらのうち最もアクティヴな人は守安直孝（岡山県庄内小学校）で、大伴茂の『気質検査』、桐原葆見の『意志気質検査』（一）などを用いた研究で古川学説を否定した。これに対して立ちむかったのは田中秀雄である。守安は古川学説は「現代人に迎合されたひとつの偉大なる錯覚であると断定することができる」と激しく攻撃している。これに対して田中は心理検査の細かい項目ではない「直観」なのだ――と反論している。これでは平行論議である。守安論文はこのあとに刊行された『優生学』の一二月号に「血液型による心理学的個性類型説の批判」と題し掲載されている。また、この『血液型研究』の四月号（通巻

（一）　これらの心理検査については次ページで説明されている。

一九号）にも「血液型に依る気質類型説の批判」として掲載されている。

第一九号（一九三三年四月号）の内容の一部

血液型に依る気質類型説の批判

すでに触れているように守安直孝は批判論の急先鋒である。彼は日本法医学会第一八回総会で取り上げた資料を誌上で公開している。守安が気質検査で用いた心理検査は、ユングのアイディアに基づいて大伴茂が作成した『気質検査（内向性・外向性に関する質問紙形式の検査）』とダウニーの『意志気質検査』の日本翻訳版である（一）。

図55　カール・グスタフ・ユング（1875〜1961）。スイスの記念切手より。

守安は血液型が判明している八〇一人の学生に大伴の『気質検査』を実施し、うち五六五人に『意志気質検査』を実施して血液型との関連を求めている。しかし、これといった成果はあがらなかった。守安の前記二件の心理検査による古川批判は掲載する価値が無いので没にした。本書の下記の脚注に山本徳行が『意志気質検査』と血液型との関連を報告した資料を掲げてお

（一）ユングの構想がアメリカのサイコロジストによって向性検査になったが、内向という概念が考え深い思索的な人から非社交的な人に変わっていってしまった。ダウニーの『意志気質検査』はアイディアに富んだ珍しい心理検査であるが、個別に実施しなければならない不便さもあって現在はほとんど用いられてない。

本書には載せていないが、通巻一七号に大阪府学務課の山本徳行が「ダウニーの意志気質検査と血液型」という論文を寄せている。それによると、(1)思慮運動型、(2)運動型、(3)運動進攻型、(4)進攻型、(5)進攻思慮型、(6)思慮型、(7)不定型の七類型のうち、A型と最も関連がありそうなのは、(6)の思慮型と(1)の思慮運動型になっている。他にはほとんど関連が見られない。

しかし、(6)と(1)がA型と関連しているというのは興味深い。

いたが、山本のまとめのほうが優れていると思う。

第二〇号（一九三三年五月号）の内容の一部

朝鮮人の血液型に就いて

京城帝国大学医学部（一）の佐藤武雄・国房二三・萩村寿・野村捷は「朝鮮人の血液型に就いて」を投稿している。朝鮮半島の最北の咸鏡北道の住民二、五七〇人（男性二、一〇七人、女性四六三人）が被験者である。この地域は現在は中国国境に近い日本海側の朝鮮民主主義人民共和国にある。北朝鮮に関する資料は現在珍しい。

佐藤たちの資料は次のとおりである。

A型　七九四人（三〇・九％）
B型　八二〇人（三一・九％）
O型　七〇八人（二七・五％）
AB型　二四八人（　九・七％）

佐藤にはこのほかにも研究がある。（二）

（一）朝鮮総督府によって設置された大学で一般の帝国大学とは性質を異にしている。現在はもちろん廃校になっている。

（二）佐藤たちは一九三五年に朝鮮半島全土についての血液型調査をまとめている。これは松田薫も引用している（一九九四年刊行の『「血液型と性格」の社会史』参照）。

第二一号（一九三三年六月号）の内容の一部

血液型と気質問題に対する批評に応える

古川竹二は「血液型と気質問題に対する諸家の批評に対して」と題する論文を寄せている。これは応答形式ではなく、疑問全体に対する回答である。

古川学説に対する疑問は三件に分けられて回答されている。

A．クレッチマーの「体格と性格」についての学説に適合していないではないかという反論がある。日本の学者は西洋の学理というと徒に傾倒し重視する傾向がある。ドイツでもすべての学者がクレッチマーの学説に賛意を示しているわけではないのに（クレッチマーの学説はドイツでも批判があるそうである）。

B．気質や性格の特徴を調べる多数の質問を用意し、それにハイ・イイエで答えさせ、それを点数化して判定・診断しようとする方法を外国の学者が考案した。わが国でもそれを翻訳して使用している学者がいる。気質・性格を分析的に見ようとしているのである。日本人はものを全体としてまとめて見る傾向が強い。日本人は「あの人はいい人だ」という。どこが――ということに触れなくてもそれで済むのである（古川は心理検査による分析を批判しているのだ）。

C．三件目は私の自省表に対する批判である。気質というものは親しい人でなければつかめない。応答するほうも虚心坦懐の気持ちで自省表に接しなければいけないのである（古川は自省表の機械的な集団実施を批判しているのだ）。

第二二号（一九三三年七月号）の内容の一部

血液型と気質問題に対する諸家の批判に対して

古川竹二は自分の学説に対する数多くの批判に対して戦い続けていた。この講演もその記録である。古川の発言をまとめてみよう。

学校の教師に血液型を尋ねると自分はA型だと応える人が多い。そういう風潮では困惑する。また、血液型自省表で調べたところ実際の血液型との適中率が三〇％ぐらいしかなかったと反論する人もいる。そう簡単に考えられては間違いのもとになる。本を読んだだけで医師にはなれないのである。血液型で気質が判明すれば教育は無用だという極端な人もいる。また、メンタルテストで知能が判明すれば教育しても仕方がない人も出てくるではないか、血液型で気質がわかれば就職できない人も出てくるではないか。そういう考え方をする人が間違っていることはいうまでもない。

古川はそういっているが、昭和のある時期にティーチングマシンが大流行し教師不用論が沸き起こったことがある。多くの学校のマシンはいまではホコリをかぶっていることと思う。過ちは繰り返される、天災は忘れられたときにくる――ものである。

第二三号(一九三三年八月号)の内容の一部

炭坑夫の血液型

三井鉱山株式会社の医師石西進は「三井山野炭坑漆生第一坑における全炭坑夫の血液型検査成績並びにその統計的観察に就いての一考察」という珍しい対象についての資料を寄稿している。表39は炭坑夫七四六人についての調査である。石西は日本人の標準と対応させてB型とO型が減少し、A型が増加していると記述している。炭坑夫における団体気質は〇・九二と低い。石西は古川説にしたがえばと前置きして、炭坑夫は温和で消極的でなければならない。しかし、考え方によってはこのことは肯定されることである。この炭坑では最近非常に多くなっている労働争議がなく本日まで無事太平に過している。団体気質の〇・九二はその事実を裏書きするものである。

こういう考え方もできる――には驚かされるまとめである。

表39　炭坑夫の血液型分布

対　象	人数	A	B	O	AB	団体気質A／P
炭坑夫	746	317 (42.5)	155 (20.8)	202 (27.1)	72 (9.6)	0.92
日本人(古川)	20,297	38.2	21.2	31.0	9.6	1.09

(注)(　)内の数値は%である。

血液型と気質の問題に就いて

金沢医科大学（現：金沢大学医学部）の正木信夫は「血液型と気質の問題に就いて」という題で講演している。この論文はその講演の記録である。この大学には古畑種基もいて血液型気質相関説には否定的である。

古川先生はO型とB型は積極的で、A型とAB型は消極的である――としているが、私（正木）は疑問をいだき、小学校児童を対象に調査をしてみた。血液型は実際に血液を検査し、積極的か消極的かは児童の受持訓導が判定をした（このあたりに正木の研究の問題点があるといえよう）。その結果、血液型によって積極的か、消極的かはわからない。O型が消極的なことも多い。

この正木講演の記録は研究所の記者によるものなので細かいところがわからない。

第二四号（一九三三年九月号）の内容の一部

劇団「築地座」の座員の血液型

大阪血液型研究所は友田恭助の劇団「築地座」の関西公演を機にこの劇団員の血液型を唾液検査によって調査している。それによると、七人の劇団員のうち０型が四人、Ａ型が二人、AB型が一人ということである。

この時代も、おそらく現代も小劇団はその経営が苦しい。そこで意志強固でなければ仕事にならない。しかし、０型だけで持つものだろうか。

第二五号（一九三三年一〇月号）の内容の一部

私娼と血液型

青森市の医師の鳴海顕は五月七日の第一一回東北医学会青森支部総会で「私娼と血液型」と題する発表をしている。ここに掲載した論文はその一部である。

私娼というのは公娼（公認の売春業に従事している女性）に対するものである。かつての日本には遊郭という区域があって、そこにいわゆる遊女屋が集まっていた。時代劇によく出てくる吉原などがそれである。そういう官許のものに対して私的なものが昔から存在していた。現在は公娼はなく営業しているのは私娼だけである。鳴海は表40（私娼の欄）について次のように解説している。

古川によって積極的で意志型といわれた０型は非常に少なく、消極的で感情型といわれたＡ型が過半数を示している。元来、Ａ型は柔順で犠牲的、感情に駆られやすい。そこで決断力に乏しく意志が弱い。彼女たちは世間から日蔭者扱いされ、雇い主から搾取されても反抗しないで忍従しているのは単に女性と

表40　私娼の血液型分布（鳴海顕）

対　象	人数	A	B	O	AB	団体気質A／P
私　娼	184	98 (53.2)	41 (22.3)	32 (17.4)	13 (7.1)	0.66
日本人（古川）	20,297	38.2	21.2	31.0	9.6	1.09

表41　虚弱児童における血液型と体型

対象	人数	(a)呼吸器型	(b)消化器型	(c)筋肉型	(d)頭脳型
A　型	34 (37.0)	2 (5.9)	12 (35.3)	2 (5.9)	18 (52.9)
B　型	32 (34.8)	3 (9.4)	13 (40.6)	2 (6.2)	14 (43.8)
O　型	19 (20.6)	4 (21.1)	5 (26.3)	2 (10.5)	8 (42.1)
AB型	7 (7.6)	0 (－)	2 (28.6)	0 (－)	5 (71.4)
合　計	92 (100.0)	9 (9.8)	32 (34.8)	6 (6.5)	45 (48.9)

(注) シゴーとヴァンサンはガレヌスの「四気質談」と合わせてはいない。ここで合わせるとすれば(c)の筋肉型は胆汁質で、頭脳型は黒胆汁質か。

いう弱点によるだけでなく、彼女たちの血液型の示す宿命的なものではないだろうか。なお興味深いことに、私娼のうちでも非常に売れているものや年増《としま》のものにはB型が目立っている。B型は派手好きで移り気、社交上手、多芸多弁であるため人気がある——と鳴海は説明しているがどうだろうか。

第二六号（一九三三年一一月号）の内容の一部

血液型と体型との関係に就いて

日本赤十字社愛知支部大浜児童保養所の医師をしていた矢崎富美人と立松進は、この八月に虚弱児童男子六〇人・女子三二人のための臨海学校を開催している。この研究はそのおりの研究成果である。

矢崎と立松はフランスのシゴーとヴァンサンの類型（図56）に基づいて体型を分けている。(a)呼吸器型（気質としては多血質に近い人）、(b)消化器型（気質としては粘液質に近い）、(c)筋肉型（適応性が強い傾向がある）、(d)頭脳型（耐性の弱い神経質な気質、黒胆汁質といえるかも）がそれである。

表41を見ると、体型としては頭脳型の四八・九％が目立っている。虚弱児の臨海学校（臨海コロニー）であるから健康な児童はいない。そこで痩せている児童（図56の(d)）が多いのはよく理解できる。頭脳型は耐性の弱い神経質な気質、ガレヌス的にいえば黒胆汁質（憂うつ質）なのである。このような血液型と気質との結び付けはいささか強引のきらいはあるもののそれが「科学」の一面であることも事実なのである。

第二七号（一九三三年一二月号）の内容の一部

血液型と気質

ここに出ている文脈は田中秀雄と守安直孝の討論である。田中はどうしたことかドイツ語の単語を入れてしゃべっている。大学での講義と感違いしているのではあるまいか。ここでは田中よりも守安の発言に焦点を当てて記述していこう。

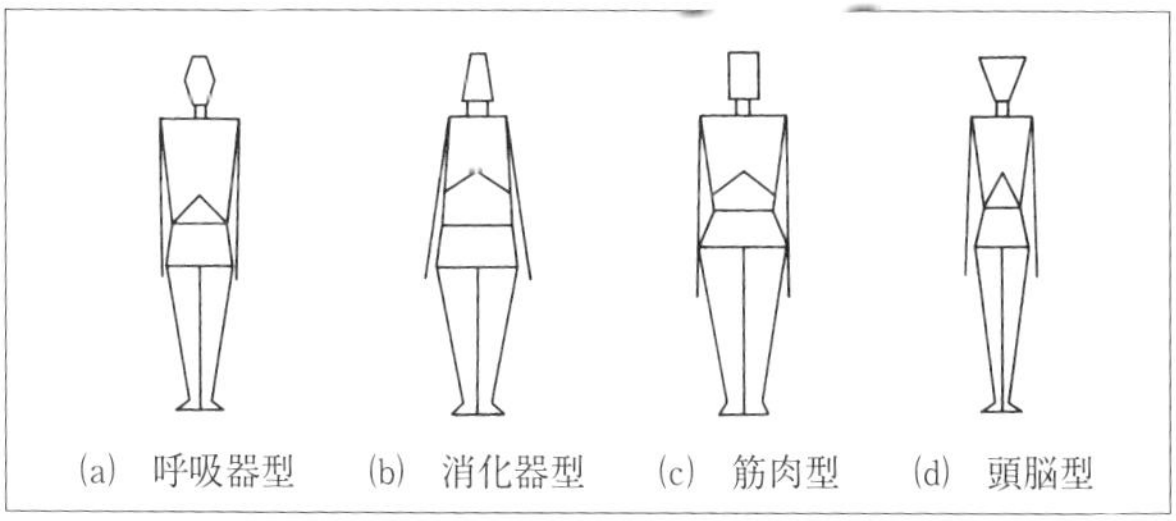

図56　シゴー（Sigaud）とヴァンサン（Vincent）の体型

血液型と気質の関連を追究するとき、観察（日常における行動の観察）よりは心理検査ではないだろうか。田中先生でも乖離性・回帰性の検査や外向性・内向性の心理検査を使っているではないか。そんな方法はよくない——といっていたではないか。

守安はこのように田中を攻めたてたが、田中は次のように応じている（田中も守安も検査ということばを使わないで実験という）。

実験がいけない——といっているわけではない。観察だってひとつの実験でしょう（実験は一定の統制条件下の観察で、単なる観察とは異なる）。ただ気質の判定においてはひとつひとつ分析的に考えてやるテスト方法はどうかと思う（田中はここで珍しくテストということばを使っている）。田中は、あるテストの結果に合わないからといって古川学説を否定するのはどうかと思うと述べている。

この討論は本書の一三二ページですでに触れている。

第二八号（一九三四年一月号）の内容の一部

看護婦生徒の血液型と気質

この論文は「某病院看護婦生徒の血液型と気質・学業並びに月経等の関係に

就いて」の一部分で、全文は八幡製鉄所病院内科の川畑是辰によって記述されている。

川畑は古川の自省表に基づいて作りあげた一一項目の観察カードを作製し、婦長に一三八人の看護婦（現：看護師）の気質を記入させた。すなわち、他者

表42　看護婦の血液型と気質

気　質　項　目	A	B	O	AB
(1)　強情頑固なほう	18 (31.6)	16 **(66.7)**	25 **(54.3)**	6 **(54.5)**
(2)　冷淡で個人的なほう	21 (36.8)	10 **(41.7)**	20 **(43.5)**	3 (27.3)
(3)　意志強固なほう	16 (28.1)	8 (33.3)	21 **(45.7)**	2 (18.2)
(4)　従順温和なほう	35 **(61.4)**	9 (37.5)	18 **(39.1)**	5 **(45.5)**
(5)　謙譲心富むほう	31 **(54.4)**	7 (29.2)	9 (19.6)	3 (27.3)
(6)　同情心に富むほう	27 **(47.4)**	8 (33.3)	9 (19.6)	2 (18.2)
(7)　内気で悲観的なほう	27 **(47.4)**	8 (33.3)	15 (32.6)	4 (36.4)
(8)　快活多弁なほう	14 (24.6)	14 **(58.3)**	11 (23.9)	8 **(72.7)**
(9)　感動的なほう	13 (22.8)	8 (33.3)	8 (17.4)	4 (36.4)
(10)　派手好きなほう	9 (15.8)	6 (25.0)	8 (17.4)	3 (27.3)
(11)　決断力に乏しいほう	31 **(54.4)**	14 **(58.3)**	14 (30.4)	4 (36.4)
人　数　　138人	57 (41.3)	24 (17.4)	46 (33.3)	11 (8.0)
日本人（古川標準）20,297	38.2	21.2	31.0	9.6

観察によって看護婦の気質判定をさせたわけである。その結果は表42に示したとおりである。

川畑の所説をだいたいそのまま掲げておこう。

O型においては強情頑固なる人最も多く、冷淡で個人的、意志強固、従順温和なる人の順に低下し、A型に於ては従順温和なる人最も多く、次にあげられるのは謙譲心に富み決断力に乏しく、同情心に富むか、あるいは内気で悲観的なものである。B型に於ては強情頑固なものが多く、快活多弁、決断力に乏しく、冷淡で個人的な人の順に低率になっている。AB型に於ては快活多弁な人が最も多く、次は強情頑固、従順温和な人が見られる。以上の結果だけからすると血液型と気質との関係は一部古川学説と合致しているところがある。

川畑の説明は間違ってはいないが、ただ百分率の大小順にたんたんと記述しているだけである。面白いことにA型とO型はまったく古川的であるが、B型とAB型にはズレがある。古川が示唆したB型項目にはあまりチェックがないようであるが、看護婦という職業が関係しているからではないか。婦長は一人ではないと思うが、それにしても大仕事だったと思う。

第二九号（一九三四年二月号）の内容の一部

偶感

本書の一二一ページにも古川竹二が「偶感」と題した記事を載せた。このような記事のほうが可笑しな論文よりもずっと参考になる。

富山県立氷見中学校の太田外正は「偶感」という題で随想を書いている。

(1) 血液型は科学的に鮮明に四群に分けられているが、気質はそうはいかない。四群のどれかに当てはめようとするのは無理である。

(2) 教育や修養によって気質が一時的に変化することがある。ところが血液型は終生不変である（たとえ一時的に変化することはあっても）から両者の間の関係を探索するのは容易なことではない。

(3) 古川先生が実施しているある団体（集団）に代表的な気質を見出そうとする方法は、確かに血液型と気質との関係を追究する方法に違いないが、個人についてはそうはいかない。一致率が三〇％～四〇％のときもあるし、八〇％のときもあって当てにならないのである。(一)

太田はこの問題が一日も早く学界において解決されることを——と結んでいる。

（一）　牛島義友は団体（集団）でなく個人についてはどうなのかということを批判している。

第三〇号（一九三四年三月号）の内容の一部

気質の表われに就いて

古川竹二は「気質の表われ一、二、三」という題目の論文を書いている。古川の書いているところを要約してみよう。

試験——というと生徒たちは緊張する。しかし、その試験の際にも生徒たちの気質が現われてくるように思う。それは答案の提出の仕方である。すなわち、答案を書き上げるとサッサと提出して教室を出ていく生徒、書き終わってもなかなか提出しない生徒——がいる（一）。私（古川）はこれは気質の表われと考えるのである。もしそうであるなら、それらの生徒の血液型の比較は興味ある問題だと思う。下に掲げた表43には二群の明らかな差異が表われている。早い群は、B型が三一・一％、O型が二六・七％で、遅い群はA型が六〇・〇％と過半数を占め、AB型が八・九％である。活発性、あるいはアクティヴ・レベルを端的に表わす団体気質（A／P）は、早い群が一・三七、遅い群が〇・四五である。

私（古川）はある大学での心理学会で依頼されて血液型と気質の話をした。話が終わったとき、実験したい方があったら——と呼びかけたところ、一人の学生が「私はA型だと思いますが実験してください（注：検査して

表43　答案の提出と血液型

対　象	人数	A	B	O	AB	団体気質 A／P
早い群	45	13 (28.9)	14 (31.1)	12 (26.7)	6 (13.3)	1.37
遅い群	45	27 (60.0)	9 (20.0)	5 (11.1)	4 (8.9)	0.45

（一）前者を「早い群」、後者を「遅い群」とする。

ください という意味である）」とのこと。私はどうもこのように気の早い人はA型ではないと思い実験したところB型であった。ある動物学者で血液型気質問題に興味を持っている人が「B型の人には他から見ると真によくその気質を示しているにもかかわらず、自分自身ではそれを意識していない人が多いようだ」と話してくれたことを覚えている。これは面白い観察であると思う。人の気質は簡単には表現できない。自分ではかなり明瞭に表現できたと思っても他人にはよく理解されていないことが多い。それは「ことば」というものの不完全さであろうか。

第三一号（一九三四年四月号）の内容の一部

看護婦生徒の血液型と気質

この論文の題名は「某病院看護婦生徒の血液型と気質・学業並びに月経等の関係に就いて」で、八幡製鉄所病院の川畑是辰の論文の続編である。看護婦とは現在看護師と呼ばれている職業である。

血液型の分布はA型は四一・三％、B型は一七・四％、O型は三三・三％、AB型は八・〇％で、団体気質は一・〇三で日本人の標準の一・〇九とそう変わりがない。血液型と学業との関係であるが、O型に優れた生徒がいる反面また劣っている生徒も目立っている。A型に操行（素行）上位の生徒が多いが、B型には下位のものが多い。O型とAB型はその中間である。学業成績であるがO型に優秀な生徒が最も多い――としている。理解に苦しむ文脈もあって頼りない論文だという感が強い。

児童の血液型と気質

この論文は大阪府中河内郡松原村松原小学校の重野重利の「血液型から見た我が学級の児童」の要約である。それによると、A型は算術（現・算数）以外は優秀な成績を示し、O型は算術の成績が優秀、B型は学業成績において芳ばしくない。A型が優秀なのは温厚従順で物事をするのに慎重細心だからである。結局、血液型四群についての古川学説を軸にして動いている感が強い。

第三二号（一九三四年五月号）の内容の一部

血液型漫談 ①

これは研究資料ではないが筆者が浅田一なので引用する次第である。浅田は漫談といってはいるが内容は雑な統計資料よりもずっと有益である。

浅田は次のように述べている。要約して紹介しよう。

血液型と気質の相関については賛否相半ばしている。私は初め疑っていた。

それは当然なことであろう。しかし、よく知った人について血液型と気質の関係を調査すると信じなければならないようになる。血液型と内分泌腺との間にも関係がありそうだし、内分泌腺と気質との間にも関係があるから、血液型と気質との間にも関係があると考えられる。ただ、気質の検査は困難である。内省も熟練を要する。あまり自省のようなことをしたことがない人が自省しても本当の自己をとらえることはできない。教師が児童や生徒を見るにしても大勢を相手にしてはっきり判るはずがない。観察眼の鋭い教師なら別であるが…。

古川学説に反対する人はよく自分の血液型がO型だといわれればO型のようでもあり、A型だといわれればA型のようでもある。そういう人は自省力の鈍い人である（ここで浅田はI氏という人物について記述している）。

I氏の血液型は唾液による判定（唾液のついた紙片を郵送してきた）でB型と判定された。I氏にその旨通知するとI氏から自分はとうていB型とは思えないとのこと。自分は非社交的、尻が重い（起居の動作がのろいこと）、思索的、哲学的、数学が好きなところはA型的である。しかし、兄弟はすべてB型の傾向を示し、おおむね楽天家である。父親は非常に苦労性でA型的で神経質、母親は楽天的でB型かO型と思われる。そういうことから考えると自分がB型である――ということには納得できない。なお、I氏が自省したことを尋ねると次のようであった。小学校時代から専門学校時代にかけて小心で人前で話をしたり、お使いに行ってなにかを相手に伝えることは大嫌い。しかし、成績はほとんど首席であったという。感情的には冷静なほうで熱狂するようなことはほとんどない。そのいっぽうすべてのことに冷淡で利己的な傾向さえ出てくる。内心は小心翼翼でありながら意地っぱりで頑固で我を通すのが特徴である。座右の銘は「熟慮断行・不断の努力」なのだそうである。

この人の血液型は送られてきた血痕によるとAB型であった。再度唾液を送ってもらって判定したところAB型であった。最初に送られてきた唾液は乾燥していたため判定が誤っていたのである。I氏のような細かい自省のできる人は少ない。浅田はI氏はAB型であるがA型的気質がよく表われるAB型であるといい、AB型は一般にA型気質が強く表われる傾向が見られるとまとめている。

第三三号（一九三四年六月号）の内容の一部

血液型漫談 ②

浅田はここではまったく気質に触れていない。夫婦の血液型と生まれる子どもの血液型のことで起こった事件についてのエピソードである。

第三四号（一九三四年七月号）の内容の一部

血液型漫談 ③

浅田一は「血液型漫談」の第三回として夫婦の血液型とその子どもの血液型との関係について記述している。これは第二回目の記事と軌を一にしている。その記事のなかのエピソードのひとつに両親ともA型、女児二人はA型とO型であったが、男児一人がB型であったという話がある。これは疑問なので浅田はその夫人に会うことになる。男児の出自を質すためである。夫人の話によると、B型の男児は主人とある芸者との間の子どもでうちの戸籍に入れたのだとのこと。これで問題解決である。その夫婦の将来のことは別にして浅田は胸をなでおろしたそうである。

第三五号（一九三四年八月号）の内容の一部

血液型漫談 ④

浅田一は「血液型漫談」の第四回として最初に血液型誤認事件について触れている。次いで彼はさまざまな職業集団の血液型について触れている。浅田は数十人の人を任意に採って、つねに同じような血液型配分が見られたらそこに特殊な意義を考えなければならない、気質と職業との関係を調

表44　いろいろな職業集団における血液型分布（浅田）

対　象	人数	A	B	O	AB	団体気質 A／P
刑　事	42	47.6	23.8	16.7	11.9	0.68
会社の会計課員	32	21.8	21.8	50.2	6.2	2.57
造船会社の設計課員	30	16.6	20.0	56.8	6.6	3.31
銀行員	55	34.5	10.9	47.3	7.3	1.39
会社員	50	32.3	5.9	61.8	0.0	2.10

査する人はまず材料の精選が必要であるとこの随想を結んでいる。表44は彼が随想中に挙げた多くの職業集団における血液型分布の一部である。それぞれの表についての浅田のコメントを記載しておこう。

刑事はO型が少なくA型が多いのが目立っている。某会社の会計課員・某会社の設計課員についての唾液による検査ではO型が圧倒的である。銀行員や会計課員には古川先生の説にしたがえばA型の綿密な気質が適性なはずであるが事実はO型が多いのである。

O型ももちろん綿密な理知的なほうであるから古川学説には反するものではない。浅田が某銀行の重役に質したところ支店長にはA型の人は不向きでO型かAB型がよいとのことであったそうである。

なにかどっちに転んでも理屈はつくように思われて仕方がない。

第三六号（一九三四年九月号）の内容の一部

血液型漫談 ⑤

浅田一の「血液型漫談」の第五回は、生まれる子どもの容貌についての問合わせに対する回答から始まっている。そして次のような記述に進んでいる。

よく最初の夫と死別しても第二の夫との間に最初の夫に似ている子ども

が生まれる――という話があるがそのようなことはない。ただ、最初の夫の体液によって夫人の血液内に変化が起こったことは実験的にも証明されているが、しかし、その変化が永久的に残るものか、第二の異性に接してもなおその影響が残るのかはわからない。私どもは容貌の類似という点も親子鑑定に必要だと思っている。もしも第一の異性だけが大きな影響を持つということになればもはや親子の鑑定は不可能になる。

浅田は最後にはっきりした駁論がないかぎり、私は遺伝の法則を信じていると結んでいる。大衆は科学よりも風評に動かされるものである。

第三七号（一九三四年一〇月　満三周年記念号）の内容の一部

気質は変化するか

古川竹二はこの記念号に「気質は変化するか」という短文を載せている。当時、東京女子高等師範学校が創立六〇周年の記念祭の直前だったので短文しか書けなかったそうである。その要約を紹介しよう。

世間には生まれつきのものを第一に見る人と、生後に習得したものを第一に見る人がいる。自然科学者は前者を重視し、教育家や宗教家は後者を重視するものである。どうしてそのような差異が生じるかというとその人の趣味が原因になっている。ここで思い出されるのは荻生徂徠（一）の気質論である。徂徠はある人の質問に対して次のように応えている。すなわち、気質はなんとしても変化しないものである。米はいつまでたっても米で、豆はいつまでたっても豆である。人もその生まれ得たとおりを成就していくのが学問の力である。米は豆にはならないし、豆は米にはならない。米は米で用が立ち、豆は豆で用が立つものである。宋（二）代の学問のように気質を変化させて混合中和させたのでは、米とも豆ともつかないものになってしまうのである。

徂徠のいうことを引用するまでもなく、気質はまずは変わらないものと考えてもいいであろう。問題は気質の測定法にしぼられてくるのである。

血液型漫談 ⑥

浅田は「血液型漫談」の第六回として自殺者の血液型と芸妓の血液型を取り上げている。ここでは芸妓の血液型について浅田と石津作次郎の調査を解説していこう。浅田は長崎の芸妓、石津は大阪北陽の芸妓について報告しているが、表45に示したようにO型とB型に多いのである。次に浅田は長崎市の五ヵ所の町（M町・Y町・Id町・T町・In町）の娼妓の血液型を紹介している。この資料は長崎市衛生課の向井によるものだという。表46がそれであるが、芸妓に見

（一）　江戸時代の儒学の学者（一六六六～一七二八）。『論語』の研究者として有名である。

（二）　昔の中国の国名。わが国からは栄西や道元が留学している。モンゴル（元）に滅ぼされた。

られないところがある。相対的にA型が目立つのである。O型とB型は芸妓と娼妓に共通？ しているようであるが、A型は娼妓にユニーク？ であったようである。

表45　芸妓の血液型の分布（浅田・石津）

対　象	人数	A	B	O	AB
長崎の芸妓	51	11(21.6)	15(29.4)	16(31.4)	9(17.6)
大阪北陽の芸妓	54	10(18.5)	17(31.5)	22(40.7)	5(9.3)
合　計	105	21(20.0)	32(30.5)	38(36.2)	14(13.3)

表46　娼妓の血液型の分布（向井）

対　象	人数	A	B	O	AB
M町の娼妓	34	8(23.5)	5(14.7)	14(41.2)	7(20.6)
Y町の娼妓	187	56(29.9)	38(20.3)	65(34.6)	28(15.2)
Id町の娼妓	49	16(32.7)	15(30.6)	10(20.4)	8(16.3)
T町の娼妓	138	32(23.2)	26(18.8)	54(39.2)	26(18.8)
In町の娼妓	132	37(28.0)	41(31.1)	36(27.3)	18(13.6)
合　計	540	149(27.6)	125(23.2)	179(33.1)	87(16.1)

表47　ソープランドの女性たちの血液型分布（大村・浮谷）

発表年月	掲載誌	人数	A	B	O	AB
1990 9月	ナイタイマガジン	150	58 (38.7)	32 (21.3)	52 (34.7)	8 (5.3)
1996 6月	関東フーゾク美女名鑑	137	45 (32.8)	25 (18.2)	58 (42.3)	9 (6.7)
1999 2月	ソープランドマップ	543	199 (36.6)	110 (20.3)	185 (34.1)	49 (9.0)
2000 9月	City Press	390	143 (36.7)	84 (21.5)	134 (34.4)	29 (7.4)
2000 10月	ナイタイマガジン	356	143 (40.2)	62 (18.8)	117 (32.9)	29 (8.1)
2001 1月	ナイタイマガジンソープDX	299	105 (35.1)	61 (20.4)	115 (38.5)	18 (6.0)
合計	－	1,875	693 (36.9)	379 (20.2)	661 (35.3)	142 (7.6)

それでは芸妓と娼妓は職業的に考えてどう違うのであろうか。現在は芸妓という職業（芸者ともいう）はあるが娼妓という職業はない。娼妓は江戸時代には遊女と呼ばれ、時代劇では町人や武士、それも旗本や大名までが遊び耽った吉原とか、坂本龍馬も遊び歩いたという円山などの遊廓は有名である。時代劇にはよく花魁《おいらん》道中という豪華な行列が出現するが、いくらハイクラスの公娼といっても売春には変わりがない。時代劇には岡場所ということばが出てくるが私娼である。新憲法（日本国憲法）のもとで女性の国会議員が出馬し女性の尊厳保持のため一九五六年「売春防止法」が規定され、遊廓は消えた。(一)「公娼」と呼ばれる女性たちはいなくなったが「私娼」は「売春防止法（ザル法と呼ばれている）」のもとでも公然と営業をしている。

私（大村）と浮谷秀一（東京富士大学）は、日本応用心理学会の第68回大会（二〇〇一年九月　岩手県立大学会場）で「血液型性格学は信頼できるか：第18報　ソープランドの女性の血液型」を発表している。ここでの話題と適合しているので参考資料として表47に掲載しておいた。A型とO型が目立っている。

かつて公娼があった時代にも私娼は営業していた。表40には青森市の医師鳴海顕による私娼一八四人の血液型分布が掲載してある。A型が五三・二%を占めていることに関して鳴海は、彼女たちは親を助けるために犠牲になって身を

（一）遊廓は街から消えたがそれに代わるかのように「トルコ風呂」と呼ばれる施設が登場した。しかし、トルコ共和国の一青年が国辱的な名称だと抗議し、現在のような名称「ソープランド」になった。営業内容は「売春防止法」が成立する前と同じであるといわれる。

ソープランドで働いている女性の血液型分布は表47のとおりである。

売ったのだと解説している。表47のソープランドの女性一、八七五人のうちA型が三六・九％、O型が三五・三％もいる。彼女たちが親を助けるために身を売ったとはとても思えない。個人的に面接してでも苦界《くがい》に身を沈めた理由を聴かなければならないと思う。とても血液型だけで済む問題ではないのである。

第三八号（一九三四年一一月号）の内容の一部

精神疾患と血液型

東北帝国大学（現：東北大学）の研究室から横浜市児童研究所に移った田中秀雄は「精神病者の血液型」と題する論文を書いている。彼はある県立病院から資料を得たと書いている。彼がこの論文を書いたのは一九三二年六月ごろなので精神病や病前気質（性格）についての呼称も現在とはかなり異なっている。ここでは原名をそのまま用いることにした。

田中が引用した乖離性精神病者(一)九四人の血液型は次のとおりである。下側は古川が用いた日本人の血液型分布の標準である。

A型	三七人（三九・八％）	A型	三八・二％
B型	一六人（一六・八％）	B型	二二・二％
O型	三六人（三八・六％）	O型	三一・〇％

（一）乖離性精神病は早発性痴呆と呼ばれていたこともあるが、精神分裂病というのが通称になってきた。しかし、この名称が不適当だというので最近は統合失調症という名称に変わっている。

AB型　五人（四・八%）　AB型　九・六%

田中は右の資料からB型が少なくO型が多いと述べている——が古川が設定した日本人の血液型分布の標準と比較してのことである。表48は乖離性精神病者七五八人の資料である。表49は躁鬱病患者三七二人の資料である。両者とも見るべきものはないが、麻痺性痴呆（一）の患者九三九人ではO型を除いて他の血液型（A型・B型・AB型）に患者の増加を見ている。田中も顕著な関係は認めがたいと述べている。

表48　乖離性精神病者の血液型分布

研究者	人数	A	B	O	AB
王　丸	244	89 (36.5)	54 (22.1)	92 (37.7)	9 (3.7)
長　澤	150	52 (34.7)	32 (21.3)	52 (34.7)	14 (9.3)
藤　井	364	143 (39.3)	70 (19.2)	99 (27.2)	52 (14.3)
合　計	758	284 (37.5)	156 (20.6)	243 (32.0)	75 (9.9)
日本人（古川）	20,297	38.2	21.2	31.0	9.6

表49　躁鬱病患者の血液型分布

研究者	人数	A	B	O	AB
王　丸	145	54 (37.2)	35 (24.1)	43 (29.7)	13 (9.0)
長　澤	164	54 (32.9)	40 (24.4)	51 (31.1)	19 (11.6)
藤　井	63	23 (36.5)	16 (25.4)	18 (28.6)	6 (9.5)
合　計	372	131 (35.2)	91 (24.5)	112 (30.1)	38 (10.2)
日本人（古川）	20,297	38.2	21.2	31.0	9.6

表50　麻痺性痴呆患者の血液型分布

研究者	人数	A	B	O	AB
王　丸	220	93 (42.2)	42 (19.0)	51 (23.2)	34 (15.5)
長　澤	145	58 (40.0)	37 (25.5)	26 (17.9)	24 (16.6)
藤　井	147	57 (38.8)	29 (19.7)	37 (25.2)	24 (16.3)
和　田	227	93 (41.0)	55 (24.2)	59 (26.0)	20 (8.8)
合　計	939	301 (40.7)	163 (22.1)	173 (23.4)	102 (13.8)
日本人（古川）	20,297	38.2	21.2	31.0	9.6

（一）梅毒菌スピロヘータパリダによって大脳が広範囲に侵されて知的活動や情意生活に大きな変化が起こる疾患。進行性麻痺ともいう。

田中は精神病の次に慢性神経衰弱症患者(一)の血液型について高良武久や長谷川虎雄たちの研究を引用している。高良たちの資料には血液型についての記載があったのであろうか？　疑問である。表51はその結果を示したものであるが、A型五〇・〇%、AB型一八・〇%と多い。田中はこの結果は古川学説に一致しているといっている。たしかにA型が主流である。A型はさまざまな病気にかかりやすく、しかも神経症的な性格者で、さらに自殺者にも目立って多いと伝えられている。

古川は『社会医学雑誌』の第五〇四号（一九二九年一月刊）のなかに「気質ノ血液型ニヨル研究」と題した論文を載せている。そのなかで「自殺という現象は、その人の気質ときわめて密接な関係を持っている。このような気質の所有者は、血液型でいえばいうまでもなくA型であろう」という憶測をしている。

ただ、満州国（かつて大日本帝国が中国の東北部に建設した傀儡《かいらい》国家）における自殺者にはA型が少ない――ということを古川に伝えると、古川はあそこは植民地だから――と応えている。この回答はおかしい。植民地でも「A型」が通用しなければ科学的思考は進展しないであろう。

表51　神経衰弱症患者の血液型分布

研究者	人数	A	B	O	AB	団体気質 A／P
高良 長谷川	100	50 (50.0)	23 (23.0)	9 (9.0)	18 (18.0)	0.47
吉田 邦彦	76	31 (40.8)	15 (19.7)	19 (25.0)	11 (14.5)	0.81
大岩博	22	11 (50.0)	3 (13.6)	6 (27.3)	2 (9.1)	0.69
合　計	198	92 (46.5)	41 (20.7)	34 (17.2)	31 (15.6)	0.61

(一)　現在では、トランプのゲーム以外にはまったくといって使われていない。神経衰弱症は現代的にいえば神経症のことである。

第三九号（一九三四年一二月号）の内容の一部

古川の血液型気質説を批判する

名古屋鉄道病院検査室の岩田武は「古川氏の血液型と気質説の批判」という論文を書いている。その要旨を挙げてみよう。

古川氏が提唱している血液型気質説は最初のうちは賛否相半ばして定説とは認められなかったが、世間から非常な興味をもって迎えられていることは事実である。はじめは一致率は二〇％～四〇％前後だったが最近は一致率が次第に上昇している。心血を注いだ研究なので改めて敬意を表する。なぜ最初のうちは一致率が低かったかというと、なにも知らない人に自省表を示し自分の血液型を――というのに無理があったのである。このような人びとの回答は何億あっても役には立たない。血液型気質問題に興味を持っている人でなければ自省表の意味はないのである。私（岩田）は一八歳から三八歳の看護婦（現：看護師・ナース）四六人について血液型の予想と一致率を調査してみた。表52はその結果を示したものである。A型一九人の一致率は一八人（九四・七％）、B型七人では一人（一四・三％）、O型一五人では一三人（八六・

表52　血液型の予想と一致率（岩田）

	人数	A	B	O	AB	一致率（%）
A	19	18		1		94.7
B	7	1	1	4	1	14.3
O	15	2 A(O)型？		13		86.7
AB	5	3	1		1	20.0
合計	46	24	2	18	2	71.7

七％）、AB型五人では一人（二〇・〇％）になっている。全体的に見ると四六人中適中した人は三三人（七一・七％）である。

岩田の研究で興味があるのは、不一致がなぜ生じたのか――を研究したところにある。そのコメントを抜き書きしてみよう。

A型の不一致について：この人は外観的にはO型のようだった。

B型の不一致について：O型と予想された四人は血液型検査の結果を知ってはじめてB型ということを理解したらしい。

O型の不一致について：二人が自分はA型と予想していたがA（O）型と思われた。

AB型の不一致について：A型と予想した三人中二人は検査後納得したが、あとの一人は徹底的にB型的であった。

表52を見るとB型の一致率は一四・三％、AB型の一致率は二〇・〇％――とA型、O型の一致率と比較して非常に低い。その原因は日本の婦人は貞淑、温順、謙譲が美点とされ、快活、活動的、社交的なB型やAB型（外面はB型で内面はA型）の気質を排斥した結果ではないだろうか。

第四〇号（一九三五年　新年号）の内容の一部

血液型と気質に関する諸家の研究

体育研究所の内山克巳は、古川学説に関する多くの研究者の意見をまとめて批判している。その要点を記述していこう。

現代の心理検査のなかで知能検査は別として情意に関する心理検査は客観的尺度としては出鱈目とはいえないが信用できない。それと古川学説とを対応させて批判するのはおかしい。

多くの人びとは古川先生の四類型が四群の血液型相応の気質だと考えることにとらわれすぎている感がある。このような考え方を除いて、研究者が古川先生の自省表を情意検査として使われても少しもさしつかえないのである。

古川先生の自省表について研究する人が内省の力に乏しい児童を被験者として古川学説を批判するのは非常におかしいと思う。

ある一定の血液型の人たちを集めて、その特徴的な気質的特徴を取り上げることもひとつの方法であるが、それは両者（注：例えばA型群とB型群ということか）の本質的関係が鮮明になったあとのことである。私（内山）はそれよりも経験の深い人びとが古川学説にとらわれないで、しかも心理的暗示に引っかからないで適中率を探索することが必要だと思う。

血液型漫談 ⑦

浅田はここで血液型気質についての失敗談を載せている。浅田のような人でも血液型が適中しないのである。

最初のケースはSという大学生でその人についての資料は十分にあった。浅田はB型と判定したが実際はA型であった。二番目はKという実業家でこの人についての資料も十分だった。浅田はKの兄がAB型なのでB型と判定したがA型であった。そこで実際の血液型が判明してから考えなおすとやはりA型かな――と思うが検査前にはとてもA型には思えなかった。三番目のケースはIという有名人で談論風発といえる人物であった。浅田はいかにもB型らしく思ったという。しかし、A型であった。浅田は生き生きとした資料を十分に持っているのにB型と間違った判定しているのである。

浅田が誤認した三件のケースを分析してみると、Sのケースは、Sがいつも孤立的ではあるが座談がうまくこの人がいると非常に面白くなる、要領がよく気転がきく――のでB型と判断したという。Kのケースは、非常な社交家で物事については果断、優柔不断なところがない。こういう人はよくB型の人に見られるので、浅田はてっきりB型と推定したが間違っていた。Iのケースは、この人が談論風発、駄洒落《だじゃれ》の達人という人柄なのでB型と判断してしまったという。浅田はこれらのケースのほかB型をA型と誤認したケースを三件挙げている。

浅田は、この随想の最後に「もし気質と血液型との間に一定の関係があるものとすれば古川先生の自省表でどうも具合の悪い場合がだんだんと出てきたように思われる。しかし、このようなケースはきわめて少ないのである（ほぼ原文にしたがう）」と書いている。

第四一号（一九三五年二月号）の内容の一部

血液型漫談 ⑧

浅田はここで香具師《こうぐし》と血液型判断について書いている。香具師とは一名を野《や》師《し》と呼び、神社やお寺の縁日で見世物興行をしたり物品を売りまくる商売である。最も簡単にいえば「フーテンの寅さん」のような職業である。（一）

日本橋の白木屋デパートの地下一階で中川という香具師が中川鑑識法という名称で血液型判断をしているとのことである。私は昨年来体をこわして実際に見ていないが、友人の話によると唾液による鑑定だとのことである。このような香具師が血液型で雇用関係や婚姻関係の相性にまで介入し、

（一）映画「フーテンの寅さん」の主人公の渥美清はB型である。

大衆を欺瞞するなどというのはとんでもない話で、真面目な研究者の迷惑になることははなはだしいものがある。

浅田は次に犯罪と血液型に言及している。彼は『行刑衛生会雑誌』の第九巻一一号および一二号に寄稿されている三井文夫・琢田毅の論文を引用している。その要約を紹介しておこう。

強盗殺人犯六七人では、A型二一人（三一・二%）、B型一七人（二五・四%）、O型二六人（三八・八%）、AB型三人（四・五%）で団体気質では一・七九と大きい。これに対して窃盗犯では、A型五六人（四四・八%）、B型二五人（二〇・〇%）、O型三二人（二五・六%）、AB型一二人（九・六%）で団体気質は強盗殺人犯とは大きな差を持つ〇・八四である。これにはおどろきである。

浅田は最後に右傾者と左傾者の血液型に触れている。右傾者とか左傾者といっても現代人？ にはわからないと思う。右傾者とは現代でいう右翼の活動家（暴力団を含む）である。左傾者とは共産主義者のことである。太平洋戦争終戦前は共産主義者は非合法者として警察（特別高等警察、略称：特高）によって検挙されていた(一)。現代から考えると耳を疑うような時代である。そのようなスタンスで読んでほしい。

（一）一九二五年に旧憲法のもとに成立した治安維持法は国家の主権を防衛する法律であったが、一九四一年（昭和一六年）改正され、共産主義者（政治家・作家・活動家など）を弾圧するものに変貌した。当時は中学校・旧制高校・大学などの同人雑誌などにも特高は眼をひからせていた。『蟹工船』の作者として有名な小林多喜二（一九〇三〜三三）はプロレタリア作家として有名であったが特高に逮捕され拷問で死亡した。

右傾者一四人中A型二人（一四・三％）、B型五人（三五・七％）、O型七人（五〇・〇％）、AB型〇人である。これに対して左傾者三二人中A型一二人（三七・五％）、B型一〇人（三一・三％）、O型九人（二八・一％）、AB型一人（三・一％）となっている。右傾テロリストとして活動している右傾者のなかにO型が多く、思想的傾向の強い左傾者のなかにA型が多く、付和雷同的分子の多い団体（どんな団体か不明）にB型が多いことから推察すると興味津津である。

血液型と気質との関係は質的に研究すべきであって量的観察で満足すべきではないと思う。心理学者の活躍を望んでやまない。

浅田の随想のうち最後の二行は重要である。サイコロジストはつねに量的な面に注意をはらう。質的な面には手が付けられないからである。パソコンと推計学的方法の組合わせによる研究は、現代の心理学の専門雑誌論文を満たしている。こんなことで人間性の研究は進捗するのだろうか。

第三回血液型座談会

一九三四年九月八日（土）第三回血液型座談会が東京九段の軍人会館（戦後の九段会館）で開催されている。この座談会の写真は本書の一〇二ページに掲載されている。出席者は、古川竹二（東京女子高等師範学校）、浅田一（東京女子医学専門学校）、中山要（東京芝済生会産院）、田中秀雄（横浜市児童研究所）、石津作次郎（大阪血液型研究所）の五人である。どうしたことか座談会の集合写真はこの一枚だけである。詳細な記録は残っていないが、石津が古川学説を否定する人に対して（古川先生は）どう考えているか――という問に対して、古川は大要次のように応えている。

いろいろ非難する人がいるといわれているが、私が要求し希望した順序なり方法なりで自省表を実施し、それによって私の結果を非難した人はいままでにいない。非難する人は学生に自省させてその回答を十分に調査していない人が多いとか、小学校の児童を教師に見せて適中率が少ないから間違いだ――とすこぶる簡単にいうのだ。がんらい気質は質の上での相違であるから、A型の人もO型の人も自分は「きかぬ気」だというがそれだけでは質の相違はわからないのである。それを知るには、O型の多い団体とA型の多い団体とでなにか競技をやってみればわかると思う。もちろん、体格などについても考慮しなければならないが…。

第四二号（一九三五年三月号）の内容の一部

血液型漫談 ⑨

浅田はここで自殺者の血液型を取り上げている。それも満州国（一）における自殺情報である。

この情報は満州国の蘇家屯満鉄医院の桑野稔が『東京医事新誌』の第二九一八号（一九三五年二月二三日発行）に自著の「自殺者の血液型に就いて」を寄稿したことが契機になっている。

表53は浅田の随想のなかから転載した資料である。確かにA型は一二人（三四・三％）ではあるが、O型も同率なのである。浅田はこの数値から次のようなことを述べている。

> これによると古川先生や我われがいままで集めてきた資料に基づくA型高率説は偶然的なもので満州ではまったく逆な結果が現われていることがわかった。

この浅田の見解は現代の心理学研究における推計学的処理への警告になるかもしれない。

（一）一九三二年から一九四五年という短い間、中国北東部に存在した大日本帝国の傀儡国家。

表53　満州国における自殺者の血液型

対　象	人数	A	B	O	AB	団体気質 A／P
自殺者	35	12 (34.3)	9 (25.7)	12 (34.3)	2 (5.7)	1.50
日本人（古川）	20,297	38.2	21.2	31.0	9.6	1.09

第四三号（一九三五年四月号）の内容の一部

第二〇次日本法医学会総会と古畑種基

昭和一〇年四月五日、金沢医科大学（現：金沢大学医学部）で第二〇次日本法医学会総会が開催された。会長は血液型研究の世界的権威古畑種基である。当時、古畑は四三歳、Q式血液型の発見（一九三四年）、E式血液型の発見（一九三四年）などの新血液型を発見している。従来、血液型の研究は主として血球凝集反応によっていたが、古畑は型的沈降反応による検査術式を創案している。また、法医学上、従来不可能とされていた親子の鑑定を可能にし、血液の個人識別によって犯罪捜査上有力な指針を与えたのである。のちに多くの栄誉を授与されたことは左に挙げた図57『追想　古畑種基』(一)に詳しい。

古畑が非常に興味を持っていたのは中尊寺金色堂に眠る奥州藤原氏四代のミイラの血液型や指紋の検出である。古畑は五八歳当時、中尊寺と朝日新聞社文化事業団の計画による学術調査団の一員として参加している。

図57『追想　古畑種基』のブックカバー

（一）この本は、四男の古畑和孝（東京大学教授→帝京大学教授）によって一九七六年珠真書房から上梓されている。

安井洋の気質論

田中秀雄は、一九二九年の『神経学雑誌』（巻号の記載無し）に載っていた安井洋の気質論を引用している。安井は軍医で近衛師団(一)の軍医部長までやった人である。「表情と感情の研究」で東京帝国大学、勅令第二〇〇号によって一九三六年に医学博士になる。現在の学位授与制度とは驚くべき相違である。安井洋は感情の研究家でそれまでに使用されてきた気質に関する用語を分析し、図58のような球形を描いている。すなわち、剛・柔・敏・鈍・楽・苦の六要素を抽出し、人の気質は球の表面に配列できるもので、相隣接連鎖しているものと考えている。この六気質について簡単に解説しよう。

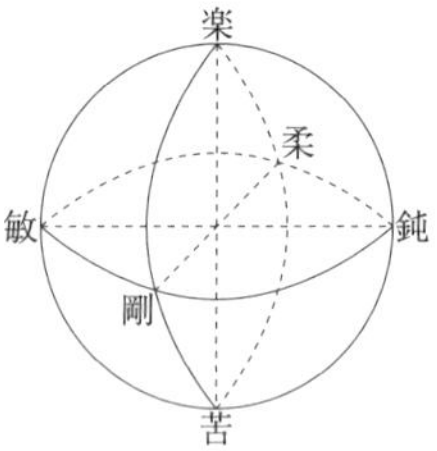

図58　安井洋の気質論の図形（田中秀雄「性格乃至気質分類に関する諸学説の研究」による）

剛：緊張の強く現われる気質（意志強し）。

柔：緊張の弛み易い気質（意志弱し）。

敏：興奮しやすい気質（感情の動き早し）。

鈍：興奮しがたい気質（感情の動き鈍し）。

楽：快感の起こりやすい気質（楽観的）。

（一）近衛師団はかつて皇居守護のための特別部隊で、兵士はその採用に関して体格はもちろん、出自や容貌までやかましかったという。近衛の兵士は「天皇」に見られることが多いからである。むかしはそういう時代だったのである。

表54　俳優の血液型（大阪血液型研究所）

対　象	人数	A	B	O	AB	団体気質 A／P
歌舞伎俳優	25	14 (56.0)	2 (8.0)	8 (32.0)	1 (4.0)	0.67
スワラジ劇団	24	10 (41.7)	4 (16.7)	7 (29.2)	3 (12.4)	0.85
築地座男優	9	6 (66.7)	1 (11.1)	1 (11.1)	1 (11.1)	0.29
築地座女優	8	0	1 (12.5)	7 (87.5)	0	—
築地座俳優（男女）	17	6 (35.3)	2 (11.8)	8 (47.0)	1 (5.9)	1.43
女　優	17	6 (35.3)	4 (23.5)	6 (35.3)	1 (5.9)	1.43
合計	83	36 (43.4)	12 (14.5)	29 (34.3)	6 (7.2)	0.98

苦：不快感の生じやすい気質
　（苦観的）。

田中は、この安井の分類と松本亦太郎（一）の分類との異同を指摘し、気質研究の困難性を指摘している。

第四四号（一九三五年五月号）の内容の一部

血液型漫談 ⑩

浅田一はここで「俳優の血液型」について歌舞伎俳優からある特殊な信仰で結束しているスワラジ劇団（二）まで合計八三人の血液型をまとめている。表54がそれである。なお、この資料は大阪血液型研究所の石津作次郎が数年かかって収集したもので、おおかたは唾液によ

（一）松本亦太郎は、憂鬱質を陰気、粘液質を平気、胆汁質を短気、多血質を陽気としている。松本はこの四気質を歴史的人物に当てはめているが現代の人にはわからないと思う。いちおう挙げておこう。憂鬱質は平重盛（平清盛の長男だが夭折した）、粘液質は源頼朝、徳川家康、胆汁質は織田信長、平清盛、多血質は新田義貞であるとのことである。

（二）燈園という宗教系の劇団だが、詳細は不明である。

る判定である。現代は俳優、タレント、落語家、お笑い、スポーツ選手にもそれぞれ専用の名鑑が公刊されていて、血液型を含む個人情報が満載されている。しかし、昭和の初期に実名付きの公表は珍しいことである。表54についての浅田の解説を要約してみよう。

人数は少ないが歌舞伎俳優にはA型が多く、女形にA型が目立っていた。これは主として関西俳優である。浅田は、築地座の男優では人数が少なすぎるがA型が多いといっている。しかし、築地座の女優ではO型が多く、築地座の俳優を男女合併するとO型は多数になってしまう。浅田はこれは専門学校程度の女学校の生徒にO型が多いのに似ている——と書いている。特に興味があるのはB型が少ないことである。B型は器用だといわれているが、芸能は単に器用なだけではできないようである。どうもB型は俳優（役者）のような厳しい職業には向かないようである。俳優全体の八三人を見るとA型がなんといっても多くB型やAB型は少ない。修行も修練も厳しいスワラジ劇団もA型が目立っている。私（浅田）は俳優のような職業にはA型が適しているように思われてならない。

表55は大村による歌舞伎役者二五八人の血液型分布でA型が一位である。

表55　歌舞伎役者の血液型分布（大村）

対　象	人数	A	B	O	AB	団体気質 A／P
役者（女形を含む）	258	97 (37.6)	54 (20.9)	87 (33.7)	20 (7.8)	1.20

（注）『最新歌舞伎俳優名鑑』演劇出版社刊（1998年10月刊）参照

第四五号（一九三五年六月号）の内容の一部

自殺者の血液型

古川竹二は「血液型漫談⑨」で浅田が取り上げた旧満州国の蘇家屯満鉄医院の桑野稔の論文「自殺者の血液型に就いて」（本書一六八ページ）に関する批判をしている。桑野の資料ではA型とO型がともに三四・三％で、浅田は自殺に関するA型高率説に疑問を持っていた。しかし、古川は「吾人が主張するA型と自殺者との間の親和性は民族の場合に於ても亦之を見ることが出来るのである（原文のまま）」と強気である。さらに古川は、桑野医師は表53によって特に血液型とは関係なしという結論にしているが、私は次の二件の事由によって反論する次第である——と書いている。

㈠桑野医師の調査対象は植民地における人びとであること。その地方在住の日本人の血液型分布と比較すべきである。

㈡自殺未遂者が三五人中二五人もいる。既遂者のケースが少なすぎる——と古川は指摘するのである。

確かに未遂者が多い。しかし、そういう人たち(一)がいなければ自殺者に関する資料が入手困難？ なのだから皮肉である。表56では神経衰弱患者（神経症患者）の血液型と自殺者の血液型の親近性が目立っているのだが…。

（一）現在、自殺者が非常に多いそうである。そういう人たちの血液型も警察関係のどこかで調べているはずである。見たいものである。

表56　神経衰弱患者（神経症患者）と自殺者の血液型

対象	人数	A	B	O	AB	団体気質 A／P
神経衰弱患者	298	133 (44.6)	67 (22.5)	59 (19.8)	39 (13.1)	0.73
自殺者	40	28 (70.0)	4 (10.0)	7 (17.5)	1 (2.5)	0.38
日本人(古川)	20,297	38.2	21.2	31.0	9.6	1.09

血液型漫談 ⑪

浅田はこの「血液型漫談」のなかで東京女子医学専門学校（現・東京女子医科大学）細菌学教室の良田圭子たちによる血液型の判定に関するズレの研究を紹介している。表57がそれであるが、多くの人が自分がなに型であってもA型だとする傾向が見出されたのである。このことは岩井勝二郎がすでに一九三二年に指摘したことである（本書九六ページ）。A型は血液型の発見当初から良い意味での偏見に晒されていた。「三年A組金八先生」では面白いドラマにはならないのである。

第四六号（一九三五年七月号）の内容の一部

MNの遺伝について　内容略

B型の亜型について　内容略

第四七号（一九三五年八月号）の内容の一部

血液型漫談 ⑫

浅田一は「血液型漫談」のなかで婦人団体の血液型を紹介している。彼は大阪血液型研究所の石津作次郎の資料をも借用して、東京のダンサー

表57　血液型における自己判定と実際の判定のズレ

		自己判定による血液型				
		A	B	O	AB	合計
唾液および血液による判定	A	24.3	1.6	2.4	4.0	32.3
	B	8.1	3.2	1.6	3.2	16.1
	O	14.5	2.4	18.6	4.0	39.5
	AB	4.0	0.8	0.8	6.5	12.1
	合計	50.9	8.0	23.4	17.7	100.0

（女性）、東京のあるデパートの女性店員、長崎のある婦人会の会員の血液型についての資料を掲載している。表58がそれである　浅田はここで、デパート店員と芸妓の血液型分布が似ているとか、大勢集まって講習を受けたり、多くの人の世話をするのが好きな人がA型よりもB型に多く見られるのは興味深い――と述べているが、どうも「初めに結論ありき」という気がする。浅田は、さらに東京市の市電（一）の運転手や車庫の作業員、電話交換手（二）、小学校訓導（男女）、新聞記者、大阪・兵庫の警察官、長崎の警察官、長崎の郵便局員の血液型をまとめている。

浅田の解説をできるだけ原文に近いかたちで転記してみよう。

市電関係：血液による判定である。運転手にも車庫作業員にもO型が多い。これから先般のストライキ騒動のことを考えるとなるほどと思われる。運転手は五三人の過半数がO型で、団体気質が三・四二ではストライキもすごいものになるのである。

長崎関係の資料は私（浅田）が唾液によって収集したもの、東京関係の資料はある人が血液によって収集したものである。関西地方の資料は石津が唾液によって判定したものである。

（一）　現在は都電であるが東京の場合荒川区～新宿区の一部に一路線が残っているだけである。

（二）　電話交換台のオペレーター。

表58　婦人団体における血液型分布

対象	人数	A	B	O	AB
ダンサー（東京）	75	30 (40.1)	14 (18.6)	24 (32.0)	7 (9.3)
デパート店員（東京）	99	29 (29.2)	28 (28.4)	34 (34.4)	8 (8.0)
婦人会会員（長崎）	44	16 (35.7)	16 (35.7)	12 (28.6)	0 (0.0)
芸妓（長崎・大阪）	105	21 (20.0)	32 (30.3)	38 (36.2)	14 (13.3)

（注）芸妓の資料は表45から転用。

表59　さまざまな団体の血液型（浅田・石津）

対　象	人数	A	B	O	AB	団体気質A／P
東京　市電運転手	53	12 (22.6)	6 (11.3)	**35 (66.1)**	0 (0.0)	**3.42**
同上　車庫作業員	108	39 (36.2)	23 (21.2)	37 (34.3)	9 (8.3)	1.25
東京　電話交換手	96	**44 (45.9)**	19 (19.7)	25 (26.1)	8 (8.3)	0.85
東京　小学校訓導	178	**64 (35.9)**	32 (17.8)	**65 (36.5)**	17 (9.8)	1.19
東京　新聞記者	61	**22 (36.1)**	7 (11.5)	**28 (45.9)**	4 (6.5)	1.35
大阪・兵庫　警察官	438	**179 (40.9)**	85 (19.4)	130 (29.7)	44 (10.0)	0.96
長崎　警察官	35	**14 (40.0)**	8 (22.8)	9 (25.8)	4 (11.4)	0.95
長崎　郵便局員	30	**15 (50.0)**	5 (16.7)	10 (33.3)	0 (0.0)	1.00

東京の電話交換手、警察官、郵便局員などにはA型が多い。東京の小学校訓導にはO型が多くA型が少ない（注：表59ではそう簡単にはいえないのでは…）。多くの場合、小学校の訓導には男性にA型が多く女性にO型が多い状態である。東京では女性は小学校訓導では満足しないで中学校の教諭を目指して努力する人が多いようである。なお、新聞記者であるが、各社で多少の相違があるかもしれないが、保守的な新聞社にはA型が多く、進歩的な新聞社にはB型やO型が多いと思う。そのうち検査してみようと思う。

性格乃至気質分類に関する諸学説の研究（最終回）

田中秀雄は標記のような題目で四回にわたる講座を開いてきた。これで完結するわけであるが、彼は最後に松本亦太郎の『素質の心理』の節を引用している。「人間はその少年期においては多血質的色彩を帯びており、青年時代には憂鬱質的に変じ、さらに壮年期に入っては胆汁質的になり、老年期になっては粘液質的になるものである」。私（田中）も同感である。

第四八号（一九三五年九月号）の内容の一部

血液型漫談 ⑬

一九三五年九月四～六日、ミュンヘンでドイツ法医学会が開催されたが、演題を通覧すると血液型に関する発表がひとつもない――と浅田は嘆いている。

古川竹二は一九二八年にドイツの非常に見識の高い学術誌『応用心理学雑誌』三一巻二号に「実験的血液型研究による気質の調査」と題する論文を発表している。さらに古川は一九三〇年にアメリカの『社会心理学雑誌』の第一巻四号に「気質と血液型についての研究」という論文を発表している。アメリカはともかくとして、体質研究好きのドイツの学界でほとんど問題にならなかったのは残念である。

第四九号（一九三五年一〇月号）の内容の一部

満五周年を迎う

原文では「満五周年を迎ふ」と旧仮名遣いである。この序文の筆者名は明記されていないが、おそらく石津作次郎であろう。彼はこの約八〇〇字の序文のなかで『血液型研究』が雑誌としてすでに青年期に達したことをよろこんでいる。そして、本誌（『血液型研究』のこと）には専門家数人に依頼して原稿を査読してもらっているので学問的価値の低いものは没にするが、それはそれとして諸氏の活気のある研究を投稿し民間研究を向上してほしい——と結んでいる。

ここで不思議なのはこの『血液型研究』が突然五〇号で発行を中止してしまうのである。五〇号になんの挨拶もないのである。五〇号というナムバーは打切りのかたちとしてはちょうどいい。石津は、血液型ブームが衰微しはじめたこと、創刊以降発行部数があまり伸びないこと——などなどの理由で苦しい決断をしたのであろう。

群馬県民の血液型——安倍貞任《さだとう》の子孫の血液型

群馬県の原沢金一郎は県内の四、一九五人の血液型について細かい記述をしている。血液型判定法の記載はないが唾液によるものと思う。その結果、A型一、五一〇人（三六・〇％）、B型九七三人（二三・二％）、O型一、二八四人（三〇・六％）、AB型四二八人（一〇・二％）という結果を得ている。しかし、利根川水源地域、中部国境地域、上信国境地域などでそれぞれ違った血液型分布が表われている。特に興味があるのは「前九年の役」(二)で源義家（八幡太郎義家）の朝廷軍と戦って敗死した安倍貞任の子孫という人たち三二人がいたことである。かれらの血液型分布は表60の下段に記載してあるが、東北人らしくO型が目立っている。

第五〇号（一九三五年一一月号）の内容の一部

蒙古人の血液型分布

京城帝国大学医学部の佐藤武雄と島崎浩はここで「蒙古人の血液型および指紋」と題する論文を掲載している。

蒙古人についての佐藤と島崎の論文の要約を掲げておこう。

蒙古人は二群に大別することができる。すなわち、蒙古系とツングース系である。前者は放牧を主とした生活様式の人たちで、後者はほとんど放牧をしない。ハンティング

表60　群馬県民の血液型分布（原沢）

対象	人数	A	B	O	AB
群馬県人	4,195	1,510 (36.0)	973 (23.2)	1,284 (30.6)	428 (10.2)
利根川水源地域	426	132 (31.0)	116 (27.2)	135 (31.7)	43 (10.1)
中部国境地域	3,637	1,305 (35.9)	844 (23.2)	1,113 (30.6)	375 (10.3)
上信国境地域	132	71 (53.8)	13 (9.8)	38 (28.8)	10 (7.6)
安倍貞任の子孫	32	10 (31.3)	5 (15.6)	16 (50.0)	1 (3.1)

（二）一〇五一年から一〇六二年までの間に断続的に起こった反乱。安倍氏は奥羽の豪族。平安朝時代の東北地方は非常に不安定であった。

をしたり、田畑を耕したりする生活様式の人たちである。このような生活のパターンで区別することができるが、満州族という部族が本当にいるのかどうか疑問である。「満州」という地域に居住しているから満州族と呼ぶのであろうか。わからない。

ところで蒙古人の血液型を調査するのは非常に困難である。そのわけはかれらの生活様式にある。一望千里の大平原である。一里行っては一家族、また一里行っては一家族——といったような有様である。それで大勢の住民について調査することが不可能になった。そこで蒙古の警備隊の隊員を対象にして調査をすることにした。

表61はその結果であるが、蒙古系とツン

表61　蒙古人各種族の血液型の分布

対象		人数	A	B	O	AB
蒙古系		335	68 (20.3)	115 (34.3)	**135** **(40.3)**	17 (5.1)
細別	喀爾喀族 (コルコ族)	54	14 (26.0)	16 (29.6)	**20** **(37.0)**	4 (7.4)
	巴爾虎族 (ペルホ族)	165	45 (27.3)	**64** **(38.5)**	41 (24.8)	15 (9.4)
	布里牙特族 (ブリヤード族)	114	27 (23.7)	**44** **(38.6)**	39 (34.2)	4 (3.5)
	顎勒特族 (オチント族)	2	0 (0.0)	1 (50.0)	1 (50.0)	0 (0.0)
ツングース系		520	135 (26.0)	**182** **(35.0)**	158 (30.4)	45 (8.6)
細別	達呼爾族 (ダホル族)	421	114 (27.1)	**153** **(36.3)**	118 (28.0)	36 (8.6)
	索倫族 (スリ族)	65	14 (21.7)	18 (26.9)	**26** **(40.2)**	7 (11.2)
	顎倫春族 (オリンチュン族)	20	5 (25.0)	6 (30.0)	**7** **(35.0)**	2 (10.0)
	満洲族	14	2 (14.3)	5 (35.7)	**7** **(50.0)**	0 (0.0)

グース系に分けられている。両者ともにB型とO型が目立っている。松田薫が『「血液型と性格」の社会史』の巻末に引用した資料の一部をまとめると表62のとおりである。ここでもB型とO型が目立っている。

佐藤と島崎は表61についてまったくコメントをしていない。かれらはこの血液型の分布に続いて指紋（弓状紋・蹄状紋・渦状紋）の分布についての統計を載せているがここでは血液型とは関係がないので掲載しない。

第5章を擱筆するに当たって

大阪市の道修町の輸入薬問屋石津作次郎が設立した大阪血液型研究所は現在はない。石津作商店も店を閉じている。この石津作次郎の功績を顕彰する意味をも含めて全五〇号の内容のうち興味深い資料を理解しやすいかたちで引用してきた。私（大村）はかつて日本医科大学図書館のご好意で全号をコピーで入手することができた。

その後、一九八九年一月二〇日、「BOA《ボア》サークル」

表62　蒙古人の血液型の分布（松田薫）

対　象	人数	A	B	O	AB
蒙　古　系	1,502	360 (24.0)	511 (34.0)	526 (35.0)	105 (7.0)
ツングース系	2,685	752 (28.0)	859 (32.0)	859 (32.0)	215 (8.0)

の鈴木紀玖範と田辺邦夫たちによって『血液型研究』五〇号が二分冊になって復刻出版されている。第一分冊は昭和六年（一九三一年）一〇月一日～昭和八年八月一日までに刊行された『血液型研究』通巻一号から第二三号までを収録している。第二分冊は昭和八年九月一日～昭和一〇年一一月一日までに刊行された『血液型研究』通巻二四号から終巻の第五〇号までを収録している。ただし、通巻二八号（昭和九年一月刊）と通巻四三号（昭和一〇年四月刊）の二冊は欠番になっている。本書ではその二号を補充している。

「BOAサークル」は、能見正比古の没後、「ABOの会」を継いだ能見俊賢とスタンスが一致しないため別個のグループをつくることになってしまう。

ここで能見正比古や能見俊賢の活動を記述するにはまだ少し早すぎるようで

図59　鈴木紀玖範

LA STUDO DE SANGA TIPO

血液型研究

第1分冊

BOAサークル事務局

図60　『血液型研究』第1分冊の表紙

第２分冊

発　行	1989年1月20日（限定復刻）　定価 3,000円
資　料	BOA（ボア）サークル
発行所	BOA（ボア）サークル出版分科会 〒152 東京都目黒区大岡山2-5-12 ☎03-724-3819　田辺邦夫
印刷・製版	人間科学研究会出版部　鈴木紀玖範 〒165 東京都中野区鷺宮4-4-19 ☎03-330-9124(代) FAX.03-339-7715
印刷協力	理想科学工業㈱新宿ＯＡセンター　プリント塾
製本所	浜野製本所

図61　『血液型研究』第２分冊の奥付

ある。

石津作次郎の『血液型研究』と「血液型人間学」で一世を風靡した能見正比古との間に三人の血液型論者がいる。目黒宏次・澄子夫妻と鈴木芳正である。鈴木芳正は宏次の都立立川高等学校時代の教え子だとのことである。

第6章　能見正比古と「血液型人間学」――

目黒宏次・澄子の『気質と血液型』の登場

目黒宏次と澄子（以下目黒夫妻とする）は、一九七〇年七月に『気質と血液型』という私家版（一）（自費出版書）を刊行している。この節では目黒夫妻の構想を要約することにする。

古川学説に対する批判

目黒夫妻は、古川竹二は気の毒な人だ――といっている。なぜなら、古川学説においては血液型と気質との関連づけが気質調査表（自省表のこと）と血液型の判定が当たるか、当たらないかという結論に終始してしまったからである。しかも、このような議論のために古川学説が崩壊し、戦後の血液型気質・性格研究に三〇年のブランクがもたらされたとしている。将来、気質調査表をさらに綿密に研究していけば一〇〇%的中するようになると思うが、私たち（目黒夫妻のこと）は真理追求のためにこの問題を一時保留したいと思う。そして、

（一）目黒宏次の顔写真はない。東洋大学卒、都立大学大学院修了、都立立川高等学校教諭としかわかっていない。澄子のほうも顔写真がない。学歴は奈良女子高等師範学校卒業とあるだけである。しかし、当時女子の高等師範学校は東京と奈良の二校しかなく、教師希望の女子にとっては「超狭き門」であったと伝えられている。

なお、血液型についてのモチベーションは澄子にあったそうである。

新しい角度から血液型問題を考察するとしている。かれらの「血液型関係人間学」はこのようにして誕生したのである。なお、目黒夫妻は血液型と気質との関係を調べるのには調査表を用いるべきではなく、血液型そのものを調べるべきである。血液型を検査してA型はこう、B型はこう…というふうに観察帰納すればいいのである。すごい発想であるが、一九二九年ごろに古川がやった方法（図62）に似ている。図62では気質に関する項目の上にそれぞれの血液型の名称が記載されている。「意志が強イ方」「落付イテル方」などはGr. O（O型）に属する項目となる。これでは「O型の人はここを選べ」といっていることになる。しかも古川は自分と同じ調査をする人はこの自省表を使ってほしいと書いている。驚くべき示唆である。

目黒夫妻の「関係的人間学への試み」

目黒夫妻は「ディズニー映画『砂漠は生きている』がヒントになった」といっている。その映画では生物の強弱と摂食行動の力関係が描かれている。目黒夫妻はこの力関係を血液型に転用していくのである。かれらの所説を原文のまま掲載しておこう。

姓名　　　年齢　　　歳

次ノモノヲ読ンデ全体トシテ自分ニ一番当ツテ居ルト思フ組ニ（〇）ヲツケヨ。

注意

（一）若シソノ他ノ組ニモ特ニ当ツテ居ル事項ガアツタラ、ソノ事項ノ上ニ〇ヲツケヨ。

（二）自分ノ組ノウチニ特ニ当ツテ居ナイ事項ガアツタラ、ソノ上ニ×ヲツケヨ。

Gr.　B	Gr.　A	Gr.　O
（　）	（　）	（　）
アッサリシテ居ル方 気軽ナ方 物事ヲ長クハ気ニシナイ方 快活ニシテヨク談ズル方 活動的ナ方 刺戟ガ来ルト直グニ之ニ反応スル方（敏感）	内気ナ方 オトナシイ方 用心深イ方 取越苦労ヲスル方 反省的ナ方 深ク感動スル方	意志ガ強イ方（ハウト読ム） 落付イテル方 精神力ガ強イ方 キカヌ気ノ方 感情ニ駆ラレナイ方 オトナシ相デモ自信ガ強イ方

図62　古川が1929年ごろに使用した自省表
Gr. はドイツ語の群を表わすグルッペ（Gruppe）の略である

A型はO型に対し強者として立ち、O型はB型に対し強者として、B型はA型に対して強者として立つ——と目黒夫妻はいうのである。ここにはAB型は現われていない。目黒夫妻は「次の場合は説明がつかない」といい「AB型とA型の場合、A型はAB型に対して生物学的に強者の関係にあるようだ。これは原則B型対A型の関係に反する。同様に、AB型とB型の場合、AB型はB型に対して生物学的に強者の関係にある。これもまたA型対B型の原則に反する」として「関係的人間学への試み」を閉じている。図64は図63にAB型を加えた関係図である。

目黒宏次の教え子の鈴木芳正は目黒夫妻の著書の一部に「文責S」という名前で「古川氏の研究の場合は血液型ごとに長所・短所というものを挙げ、最初から気質に価値判断を加えてしまっているけれども、私（鈴木）はそれには反対である。それから強弱関係は優劣関係ではないということも特筆大書しておく必要がある」と書いている。

私（大村）はこの目黒夫妻の構想にはまったく賛成できない。まだ古川の血液型気質相関説（それが正しいというわけではないが）のほうがわかりやすい。㈠血液型気質を個人特有のもの、すなわち、絶対的なものにしなければ図63や図64の関係図は成立しない。目黒夫妻はなにを考えているのだろうか。

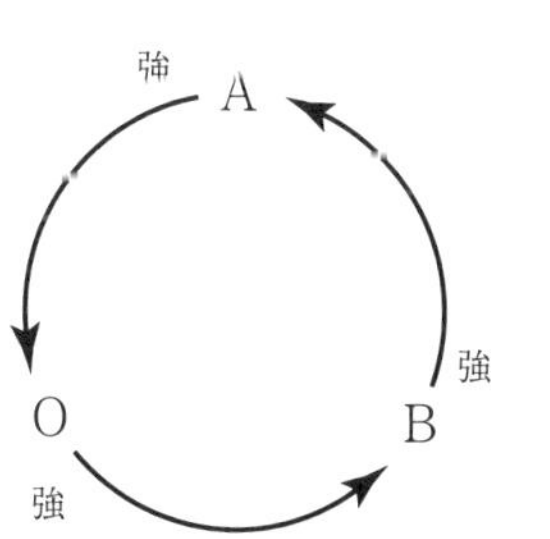

図63　目黒夫妻の関係図（その１）

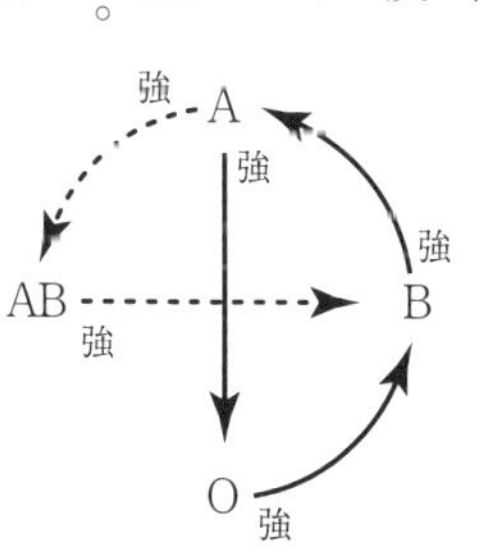

図64　目黒夫妻の関係図（その２）

図65　田崎　仁
（1898～1986）

㈡目黒夫妻は血液型気質は流動的なものだという。ある型の人とある型の人との関係（例えばA型とB型、N君のO型とY君のO型）によって変容してしまうなら関係学なんか成立しないのではないか。

㈢血液型気質の相互間における強弱関係や優劣関係に踏み込むことは考えものである。この問題から脱出した人がいる。次節で取り上げる能見正比古である。

鈴木芳正の「BN法」（一）

鈴木芳正は青山学院大学英文学科を中退、大沢商会、トヨタ自動車などを経て日本大学経済学部の田崎仁（二）の産業心理研究所に勤務していた。鈴木の「心理学」に関する知識はここで得たものと思われる。鈴木は自分で産心社という出版社を設立、血液型と気質・性格に関する多数の新書版の本を刊行している。能見正比古の『血液型でわかる相性』（一九七一年）に先立ってさまざまな発想（鈴木BN法など）をしているところは評価されてもいいと思う。

なお、血液型と気質の相関を研究する人たちのなかには、歴史的人物の血液型を推定する人たちがいる。投票によるものと研究者（好事家？）の推定によ

図66　北京で販売されていた血液型本の『血型O型・星座・命運』のブックカバー

（一）　BN法とはブラッド・ネイチャー法のことで、血液性質調査法とでも訳すか。知能・性格・職業興味・精神健康度・性度（男性度・女性度）の五領域を調査する検査である。一九九三年六月に中華人民共和国の北京で発行された『血型・星座・命運』四分冊のうち、B型とO型についての二冊にBN法が掲載されている。

（二）　順天堂大学体育学部、拓殖大学を経て日本大学経済学部教授。

るものとがある。鈴木は後者の立場で、西郷隆盛を古川と同様A型と推定している（実はB型なのだ）。それなら大久保利通と隆盛の対立もO型対B型の対立で理解されるかもしれない？　司馬遼太郎は『随筆　大久保利通』のなかで、隆盛は情義の人、利通は主知の人——としているが、もちろん血液型には言及していない。クレッチマー的にいえば隆盛は肥満型で循環性気質者、利通は細長型で乖離性気質者といえると思う。乖離性気質者とは、分裂性気質者のことで一種の冷たさを持っている。

古川学説を生まれ変わらせた能見正比呂

日本の大衆社会のユニークな文化のひとつである「血液型性格判断」は大宅壮一の門下である放送作家の能見正比古という人物によって建設されている。

図67　鈴木芳正

図68　西郷隆盛

図69　大久保利通

図70　能見正比古
（1925〜1981）

能見正比古は古川竹二→目黒宏次・澄子夫妻、その門下の鈴木芳正の流れをうまく（スマートに）まとめ上げた人物である。（一）この人のタレント性とテレビを含むマスメディアの爆発的な発展がなければ、古川学説はたとえ目黒夫妻や鈴木芳正の活躍があったにせよ、現在のような隆盛？　は見られなかったと思う。

正比古の出自（その一）

正比古は一九二五年七月一八日、旧満州帝国の奉天（現在の中華人民共和国の瀋陽《しゃんやん》）で生まれている。正比古の父親は南満州鉄道（いわゆる満鉄）の小学校訓導をしていたとのことである。帰国後祖先の地石川県金沢市に住み、一時学習塾を運営していたとのこと。この父親はアクティヴな人（O型であった）、母親はB型、知的には優れていたが容貌はいまひとつだったそうである。この遺伝のせいか正比古は、師匠の大宅壮一からは「怪獣」と綽名されていたのだった。

謎の姉・幽香里《ゆかり》

（一）　日本の歴史を比喩した狂歌に次のようなものがある。
織田が搗き羽柴が捏ねし天下餅
すわりしままに喰うは徳川
まさに能見正比古は徳川であったのである。

正比古には一歳半年上の姉幽香里（O型）がいたという。この姉はある大衆雑誌に『源氏物語』から抜け出したような女性――と書かれ、正比古は胆を潰したとのことである。容貌のことか、文才のことかよくわからない。おそらく幽香里は文才ゆたかだったようである。

　この姉は才女だったが気性の激しい女性だったそうである。彼女は東京女子高等師範学校（現在のお茶の水女子大学）の文科を受験したが不合格、一浪して理科を受験して合格したという（一）（一九四〇年ごろか）。一九四五年四月一三日、B29による東京大空襲のとき彼女は東京女高師の学生寮（茗荷谷付近か）にいたが、避難中に二階から転落、脊椎を損傷してしまう。それが原因でカリエスを誘発し、勝気な幽香里を自殺に追い込んでいく。

　正比古が書いたところによると、この幽香里が血液型と気質・性格に詳しかったそうである。大相撲見物に出かけたときも取口を血液型的に解説したとのことである（二）。それでは彼女の血液型気質・性格の知識はどこからきたのだろうか。古川竹二は一九四〇年二月一二日、気管支カタルで死亡している。幽香里の女高師入学の年は判然としていないが、古川の講義は受けていないはずである。しかし、古川学説は生きていたと思う。正比古の血液型に関する知識はこの幽香里からきたのだろうか。この幽香里という女性は私にとって大きな謎である。

（一）　幽香里は理科のうちでも数学専科だったという。左の円形図形は幽香里が正比古に見せた相性図だったそうである。

　男だったら時計まわりに隣り合った血液型の女性（A型の男ならAB型の女性）、女だったら逆時計まわりに隣り合った血液型の男性（A型の女ならO型の男性）――が相性が合うとのこと。

　幽香里は、同じ血液型の夫婦は共かせぎ夫婦だという。なお、隣り合っていない血液型の夫婦についての相性はわからないとする。

図71　幽香理が考案した相性図

（二）　現在の横綱・大関は、白鵬O型・日馬富士O型・把瑠都A型・稀勢の里B型・鶴竜A型・琴欧洲O型・琴奨菊O型。

いずれお茶の水女子大学で調べてみようと思う。

正比古の出自（その二）

正比古は自宅のある金沢の旧制第四高等学校に入学したが、彼のことだからおそらく寮生活を楽しんでいたのではないだろうか（自宅通学だったという説もある）。高校卒業後、東京帝国大学第二工学部電気工学科に進学する。正比古は文科的な頭脳の人だったが、戦時下の厳しい徴兵を逃れるために理系を目指したといわれる。（一）

東大時代の正比古は勉強のことは其方《そっ》退《ちの》けにして遊里に通ったり、芝居小屋の電気工事のアルバイト（当時このようなコトバは使われていない）に専念していたそうである。

正比古が東大の学生寮にいたころ、血液型と第二の出会いをすることになる。当時、国民は衣服の胸のところに住所・氏名とともに血液型を書いた布切れを縫い付けていた。寮生たちもおそらくこの布切れを付けていたと思われるが、正比古は寮生名簿から各人の血液型を入手したそうである。彼は寮の委員長でさまざまな問題を処理していたという。正比古は『血液型人間学』で次のように述懐している。

「私が一つ年長の亡姉幽香里から血液型と気質の関係を聞かされたのは、中学

（一）　文系の学問は戦争に役に立たない？　というので徴兵の延期は取消され、一九四三年一〇月、有名な「学徒出陣」が行なわれる。かれらは入隊と同時に将校になり、その多くが一九四五年の敗戦間際に特攻攻撃で戦死してしまった。それに対して理系の学生は徴兵が延期されていた。

に入って間もなくだったが（一九三八年ごろか）、関心を強く持ち始めたのは大学以降である。私は四百人ほどの寮の委員長になり、寮内のよろずもめごとに立ち合ってきた。戦時中のことで寮生名簿には血液型も記入してある。それを見ながら寮生に接しているうちに、気質の違いがありありと浮かび上ってくる。これはただごとではないと私は坐り直していた」

正比古は中学に入って間もないときに姉から血液型のことを聞いたという。姉は正比古よりも一歳半上、そうすると姉は東京女高師の付属女学校に在学していたのか。ではどうして付属から東京女高師の文科を受験した文才ゆたかな幽香里が入試で不合格になり、おまけに方向を大変針して理系に合格するとは。不思議である。

正比古が最初の血液型本『血液型でわかる相性』を青春出版社から出版したのが一九七一年、彼が血液型に興味を持ってから（坐り直してから）約二五、六年も経っている。なにが正比古の仕事の結実要因になったのであろうか。私の知己の著名な（ドイツでも）性格心理学者が実際に正比古に会ったおり尋ねたところ、師匠の大宅壮一先生からこれをやると儲かるぞ——と推されたので手を付けたとのことである。これというのはもちろん「血液型」である。大宅壮一の先見の明か。私は「古川竹二→能見幽香里→正比古←大宅壮一[一]」という

（一）大宅壮一という作家は間口の広い作家で、入門を希望する人に対してはあまりむずかしいことはいわないで受け入れたそうである。正比古がいつ入門したかは不明である。

ラインもあるのではないかと思っている。

能見正比古という人物は肥満型の体型からして循環性気質のように思われる。血液型はB型。エネルギッシュな活動家で、カリスマ性を持つ奇人といえよう。

彼は一九八一年一〇月三〇日、東京新宿の「三越レディス友の会」で講演中に倒れ絶命してしまう。享年五七歳の若さである。

私は一九二五年生まれ、正比古とは同い年である。新宿生まれなので三越はよく知っている。正比古は超多忙な物書きで訪問者にはいたって無愛想だったそうである（一）。

図72 『血液型でわかる相性』のブックカバー

図73 大宅壮一（1900～1970）O型

「ABOの会」と雑誌『アボ・メイト』

「ABOの会」とは能見正比古が全国レベルで組織した血液型研究サークルで

（一）BOAサークルの田辺邦夫の話による。

ある。この点、時代の流れとはいえ正比古の政治性？　には驚かされる。石津作次郎は『血液型研究』を発刊したが、全国規模とまでにはいかなかった。正比古が組織した「ABOの会」の広がりを表63にまとめている。会員は三〇二人で思ったより少ないが、この人数はある時点のもので実際はもっと多かったと思っている。

『アボ・メイト』は月刊で一九七九年七月五日付で見本版を出し、一〇月一日に創刊号を、一九八六年四月一〇日、通巻六八号（実は六九号）で休刊になっている。この雑誌の発行人は正比古で、編集人は養嗣子の俊賢である。

図74　『abo mate』創刊号
（1979年10月１日）

図75　『abo mate』69号最終号
（1986年４月10日）

表63　ある時点における「アボの会」の会員の広がり

部会	A		B		O		AB	
	男性	女性	男性	女性	男性	女性	男性	女性
北海道	1	2	0	2	2	4	0	2
東北	2	3	2	2	1	1	1	1
茨・栃・群	1	0	4	0	1	2	1	0
千葉	2	1	3	6	4	2	1	1
東京	10	7	9	8	6	6	7	9
神奈川	2	3	5	8	2	5	5	5
埼玉	0	2	3	0	2	4	2	1
東海	1	1	1	4	1	2	1	3
愛知	2	2	3	2	3	3	1	3
大阪	4	5	6	3	1	1	4	0
近畿	0	1	3	4	0	0	3	4
信越・北陸	6	2	2	1	2	2	0	3
兵庫	1	1	0	0	1	2	0	3
中国	1	3	1	0	2	1	2	2
四国	2	3	1	0	2	1	1	2
九州	2	3	2	2	0	1	3	1
合計	37	39	45	42	30	37	32	40
%	25.7	24.7	31.3	26.6	20.8	23.4	22.2	25.3

（注）(1)　東北：青森・秋田・岩手・福島・宮城・山形の6県を含む。
(2)　茨・栃・群：茨城・栃木・群馬の3県を含む。
(3)　東京：多摩地区を含む。
(4)　東海：岐阜・静岡・三重の3県を含む。
(5)　信越・北陸：石川・富山・長野・新潟・福井の5県を含む

能見俊賢の謎

俊賢は謎の人物である。正比古は長男としているが養嗣子である。自宅は板橋区東山町、正比古は妻澄子の実家の敷地内に二階建ての家を建てた。俊賢は一九四八年一〇月一九日にそこで生まれた――と『週刊現代』は紹介している。しばらくその記事を引用しよう。この週刊誌の一九八五年三月一六日号はこの俊賢について写真入りでなんと五ページを費やしているの（一）である。彼は「新聞社勤務を経て父正比古の研究を継承、データにないのは皇室と共産党（二）だけ、ベンツを馳って年収約一億円」とか、大学時代以来いまのベンツで一五台目――などという見出しも華やかである。正比古も俊賢もしばしば一〇万を超えるデータを持っていると豪語しているが、その具体的な内容はどこにも発表されていない。研究者として欲しいのは正比古や俊賢が挙げているA・B・O・ABの各血液型の性格（気質・性格）の特徴に関する（三）一〇万を超えるデータなのである。

図76　能見俊賢（A型）（1948～2006）（『血液型恋愛成功法』文化創作出版、1997より）

前掲の『週刊現代』には五歳ぐらいの俊賢が正比古とともに写真に写っている。この『週刊現代』が発刊されたときには正比古はすでに亡く、俊賢の一人舞台であった。彼は三七歳、母親の澄子は五七歳であった。そうすると俊賢は父正比古が二三歳、母澄子が二〇歳のときの子どもということになる。俊賢が正比古の実子でなく養嗣子ということは事実、母親の年齢がツウヤングという気がする。能見正比古の崇拝家で『血液型人間

（一）　皇室の血液型は次のとおりである（『朝日ジャーナル』による）。
昭和天皇AB型、貞明皇后O型、皇太子ご夫妻ともにA型、秋篠宮ご夫妻もともにA型。

（二）　共産党の衆議院議員の血液型は次のとおりである（二〇〇九年秋の『政官要覧』による）。
衆議院議員
A型一人・B型三人・O型二人・AB型一人・不明二人　計九人。
参議院議員
A型三人・B型一人・O型一人・AB型一人・不明一人　計七人。

（三）　俊賢は日本大学文理学部史学科を一九七一年三月に卒業。卒業論文は「豊太閤の外征と朝鮮の内情」である。卒業後、日本文化科学社（心理学関係の雑誌や書籍、知能検査などの心理検査を製作販売している会社）に勤め、その後、産経新聞社に勤める。そしてやがて父親の片腕になるのである。

学——運命との対話』（松籟社、一九九八年）の著者である前川輝光（一）も俊賢の出自については「話が合わなくなる」とつぶやいている。

この能見俊賢は父親の没後、血液型人間学のさらなる前進に力を入れるが、父親のような実力とカリスマ性の持ち合わせがなかった。しかも会員の粛清を始めたのである。それも大物を斬ったのである。松本道弘の著書『血液型英語上達法』（実業の日本社、一九八二年）のなかに正比古の所説の大幅な無断引用があったからである。（二）松本のほうに非があったとはいえ「除名処分」の波紋は俊賢のリーダーシップのマイナスになってしまった。この事件の経緯は、機関誌の『アボメイト』の第四巻八号、通巻二九号（一九八二年八月）に報告されている。

この事件だけが原因とはいえないが、正比古が大切？　にしていた有力な研究者たち（鈴木紀玖範・田辺邦夫・松本道弘たち）は「ＡＢＯの会」を離れて新しく「ＢＯＡサークル」を形成することになってくる。俊賢のリーダーシップの無さと虚勢のせいであろうか。俊賢は五七歳で夭折してしまう。（三）

能見正比古の「血液型人間学」とは

能見正比古は生涯のうち二二冊（うち二冊は俊賢との共著）の血液型本を書

（一）　当時亜細亜大学国際関係学部助教授。

（二）　俊賢は松本の著書を綿密に吟味して、それを証拠にしてはいるが、正比古が急逝したのが一九八一年一〇月三〇日、松本の著書が世に出たのが一九八二年七月、正比古の承諾を得ていたのではないだろうか。

（三）　俊賢は二〇〇六年九月二七日午前二時二分、脳出血のため自宅で急逝してしまう。働きすぎと孤立化のストレスか。

いている。そのうち数冊は似たり寄ったりなものであるが、非常に興味があるのは正比古の本も俊賢の本も古本屋でまったくといっていいほど見かけないのである。買った人たちは大事に持っているのである。血液型人間学は日本の大衆文化のなかに脈脈と生き続けると思う。

まず最初に問題にしたいのは、能見の血液型人間学は古川の『血液型と気質』のスマートなコピーである——ということである。(一)

図77 『血液型英語上達法』のブックカバー

(一) 古川はその著書で「血液型は血液のみの型にあらず」という見出しで、「血液型に四種があるというと、ただ血液だけが四種に分かれているように考えやすいがそうではない。人体のいろいろな臓器や分泌液もすべて血液型と平行しているのである。そこで、体質型、あるいは人間型といったほうがよい」と述べている。正比古は『血液型人間学』のなかで「血液型は血液の型ではない」という表現を使い、『新・血液型人間学』では「血液型は体質気質型」という表現を用いている。それについて解説していることは古川

(一) 私は一九九〇年一〇月に福村出版から『血液型と性格』を、一九九八年四月同社から『新訂血液型と性格』を刊行した。これらの本は能見正比古・俊賢が古川学説のコピーだと断定している。いわば「反能見」のものであるが古本屋で見かけたことはない。

とまったく同じなのである。

(二)　古川は『血液型と気質』のなかで「もともと気質の区別は比較的、相対的なものである。感情や意志もすべての人が持っている。それらの心理学的特徴も、あるものは比較的多く行動に現わし、他のものはいま一つの特徴を多く現わすことの相違である。それゆえ、例えば、サクラの花だけ集めてそれらを比較しても、そのあいだにいろいろな相違が観取されるけれども、ひとたびサクラの花とモモの花とを比較すると、その差異を容易に識別することができる」といっている。この比喩は実に巧妙である。

正比古はこの真似をして「牛肉の料理がどんなに多様でも、牛肉料理は牛肉料理であって、魚料理とも野菜料理とも、はっきり区別される。（中略）性格のほうも、O型ならO型の性格が、どんなにバラエティを見せても、O型の気質の持ち味、その特色は、性格のあらゆる部面に、濃淡の差はあっても、はっきりと現われる。それはA型性格とも、B型性格とも、明瞭に区別されるものなのである」（一）と述べている。

(三)　古川は、勇敢な軍人や優れた才能を持っている軍人にO型が多く、しかも無知的暴力犯にもO型が多いという矛盾にぶつかってしまう。古川はそこで「尋常ならざる行為を行う勇気ある人に、積極的気質者がより多い事は当然の

（一）　能見正比古『新・血液型人間学』九一ページ参照。

事であろう」という詭弁で逃げている。これに対して正比古はさすがに文士？である。「善にも強く悪にも強いO型」と焼き直している。スマートである。(一)

(四)　最後は、正比古が挙げた各血液型の性格的特徴は古川のコピーかどうかという問題である。能見が挙げた特徴は、古川の特徴の国語辞典的解釈と連想による行動の記述のまとめなのである。しかもときには毒にも薬にもならない調味料のような項目を加えてまとめ上げているのである。

表64はA型の特徴であるが、古川はまず「温厚従順」を挙げ、能見は「穏やか、八方美人、まじめ」を挙げている。温厚従順な人は穏やかで、まじめで、だれとでも愛想よく交際する人である。古川のB型はまず「淡泊、快活」を挙げ、能見は「気さく（気軽）、淡泊」を挙げている。淡泊で快活な人は気軽な人である。O型の特徴として古川はまず「自信力が強い」を挙げ、能見は「根性、指導性、自主性」を挙げている。自信力が強い人は根性があり指導性があり自主性に富む人でもある。結局、国語辞典的解釈と連想による行動の記述のまとめなのである。能見のO型の最後に「詩的」という項目がある。ポエム的ってなんだろう？　このすぐそばに「夢や理想がある」という項目があるからそれと関連して解釈すればいいのだろうか。どうでもいいような調味料的な項目である。

(一)　スマートというコトバはわが国ではスリムと同じような意味に用いられているが、英語圏の国民では、巧妙なとか世才にたけているという意味に使っている。悪賢いなどというネガティヴな意味もあるから外国人との会話にはうっかり使えない。

正比古がＡ・Ｂ・Ｏ三群の血液型の性格的特徴を、古川の自省表からたくみに剽窃？　したことは容易に判明できるが、AB型はどうしたのだろうか。古川はAB型は外面はＢ型的で内省（内面）はＡ型的だとしている。それでは正比古も模倣のしようがない。そこで正比古はそれらしい自家製を作成している。表65は正比古が挙げたAB型の性格特徴である。能見の筆勢にかかれば宇宙人の性

表64（その１）　Ａ型の性格的特徴の比較

古川竹二	能見正比古
○温厚従順。 ○慎重。細心。 ○謙虚。 ○反省的。 ○感動的。 ○同情心。 ○犠牲心。 ○自分をまげやすい。 ○融和的。 ○心配性。 ○感情に動かされる。 ○意志強固ではない。 ○決断力に乏しい。 ○恥ずかしがりや。 ○孤独で非社交的。 ○内気で悲観的。	○穏やか。八方美人。まじめ。 ○慎重。責任感。人をよく見る。 ○礼儀正しい。自分に厳しい。 ○節度。常に自己改造。筋を通す。 ○繊細。 ○思いやり。 ○骨惜しみしない。犠牲的精神。 ○思い切りがよい。 ○常識性。中庸。 ○細部にこだわる。焦り易い。 ○疑い深い。 ○受動的。飽きっぽい。 ○自信がない。 ○小心。 ○秘密主義。心が狭い。 ○不平や愚痴が多い。頑固。 ○傲慢。執念深い。独善。

表64（その２）　Ｂ型の性格的特徴の比較

古川竹二	能見正比古
○淡泊。快活。 ○活動的。刺戟（激）に速やかに応じる。 ○社交的。 ○楽天的。物事を長く気にしない。 ○おしゃべり。出しゃばり。 ○派手。誇張。 ○移り気。執着心少なし。 ○放胆。 ○果断。 ○慎重さなし。 ○動揺。意志弱し。	○気さく（気軽）。淡泊。 ○興味本位。仕事や機会に生きる。感受性。計画が実際的。 ○客観的。 ○人がいい。だまされやすい。 ○開放性。 ○無用心。考えが甘い。細部を気にしない。いい意味での野心が少ない。 ○非常識。 ○散漫。信念に乏しい。柔軟思考。 ○創造的。 ○不作法。無愛想。大胆。 ○決断と実行。厚かましい。 ○独立心。 ○わがまま。慎重さ不足。 ○家庭・家族への責任感が乏しい。 ○煮え切らない。お天気屋。

表64（その3） O型の性格的特徴の比較

古川竹二	能見正比古
○自信力が強い。 ○意志強固。 ○精神力旺盛。 ○決心したら迷わない。 ○物に動じない。 ○理知的で感情にかられない。 ○強情、頑固になりやすい。 ○融通性に欠ける。 ○謙虚でない。 ○冷静・冷淡。 ○個人主義に傾く。	○根性。指導性。自主性。 ○意志が強い。 ○積極的。向上心。 ○周囲に流されない。独断。 ○率直。信念的。慎重。 ○実際的。他人の気持ちに無神経。 ○論理的。理屈っぽい。強引。強情。 ○好き嫌いが激しい。権力志向。 ○干渉。非協調性。出しゃばり。 ○派閥性。淡泊。計算高い。 ○自己防衛的。利己的。 ○夢や理想がある。詩的。

表65 能見正比古が挙げたＡＢ型の特徴

(1)合理性に富む考え方をする。
(2)批判分析に長じている。
(3)社会参加と貢献を好む。
(4)人間関係の調整がたくみである。
(5)社会で人びととの調和を望む。
(6)重要問題で意見を求める。
(7)社会では感情を抑制する。
(8)内輪では感情が動揺しがち。
(9)対人関係に距離をおく。
(10)人の裏表・偽善を憎む。
(11)集中性は高いが持続性は低い。
(12)考え方や解釈が多角的である。
(13)メルヘン的空想趣味がある。
(14)何事も趣味的で没頭しない。
(15)経済生活に理性的である。
(16)生活の最小限の安定性を望む。
(17)力を用いた闘争を避ける。

格？ も表示されるかもしれない。

正比古の古川竹二評

能見正比古の「血液型人間学」は古川竹二の『血液型と気質』をベースにして発進している。彼は『アボ・メイト』の第三巻二号（一九八一年二月刊）でようやく「今月の血液型書評」として古川の『血液型と気質』を取り上げている。約一二〇〇字の批評である。その要点を転記しておこう。

なにしろ昭和七年一月三十日の発行であるから古本屋でもちょっと手に入らないであろう。所蔵している図書館もどれだけあるであろうか。血液型人間学にとっては、全く記念碑的な出版。著者はA型で、東京女高師の教授、文学士、教育心理学を専攻していた。当時であるから、目次も壮重をきわめ、前篇を情意的素質の身体的基礎、中篇を応用方面の研究、後篇を訓育への応用として教育畑の人らしい面をのぞかせている。(中略)入手しがたい書ではあるが、特にご興味をお持ちの方にはコピーしてさしあげてもいいと思う。四百ページの本、実費と送料で五千円前後は要するであろうが…。(能)

正比古の古川竹二評にはネガティブな表現はない。ただ、『アボ・メイト』が発刊されて二年も経っている、遅すぎるように思うがどうだろうか。

ここで正比古とまったく違うアングルでものをいっている俊賢の発言を大西赤人の『「血液型」の迷路』(一)

(一) おおにし・あかひと。一九五五年東京生まれ。長編推理小説『鎖された夏』、長編小説『影踏み』などで有名な作家。上掲の本は一九八六年(正比古の没後)の三月、朝日新聞社刊となっている。

第3巻第2号 通巻15号 昭和56年2月1日発行(毎月1回1日発行) 昭和55年3月21日第3種郵便物認可

アボ・メイト

月刊 abo mate ②

今月の血液型書評

「血液型と気質」

古川竹二著

箱入り四百頁三省堂発行
定価二円八十銭

何しろ昭和七年一月三十日の発行であるから、古本屋でも、ちょっと、手に入らないのであろう。所蔵している図書館も、どれだけあるであろうか?

血液型人間学にとっては、全く記念碑的な出版。著者はA型で、東京女高師の教授、文学士、教育心理学を専攻していた。

当時であるから、目次も壮重をきわめ、結論、本論と分け、前篇を情意的素質の身体的基礎、中篇を応用方面の研究、後篇を、訓育への応用として、教育畑の人らしい面をのぞかせている。

約五十年前である。資料データの収集も想像以上に難かしかったろう。その中で調査努力は高く評価できる。大体、自分の勤務する女高師の生徒たち、それにどんな伝手か、ある騎兵連隊の兵士たちの調査が中心で、性格の特色を項目としてあげ、大体、外向、内向によって、十項目ずつ、い組とろ組またはA組(アクティゴ)B組(パワシブ)とし、自分にあてはまる性格項目にマルをつけ、全体として、自分が、どの組に属するか、判定させた。

かなり有意差も出たが、性格項目が従来の固定的性格観を、うのみにしたのと、自己判定を基礎とした不確実さは免かれていない。それにしても、このまじめな研究

図78 正比古の古川評(1981、部分)

から抜いてみよう。以下、大西との対話の断片である（括弧内の数字は大西の著書のページである）。

・この研究（血液型性格研究のこと）をデータを踏まえて、まとまった形で始めたのは、世界的に見ても私の親父が初めてですからね（一〇五ページ）。

・血液型と人間性の問題、血液型と社会のさまざまな現象の問題の分析が、データを数万、数十万の単位で集めながら少しずつ進められたのは、たしかに十四年前に親父が始めた事に違いないんです。ただ、それ以前から血液型で性格どうこう——そういう噂、大変な偏見を踏まえた迷信みたいなものはあったわけです。それは、大正末期から昭和初期にかけて東京女子高等師範の心理学の先生で古川竹二さんという人が「血液型と人間の性格行動になんらかの相関がありそうだ」と彼なりになん百人かのデータを集め、分析したのがキッカケだと思うんです（一〇六ページ）。

・親父も中学のころですかね。そんなこと（血液型と性格についての問題）を小耳に挟んで、B型の常ですからなんでも興味を持つ。「そんなもんかね」っていう感じでね。ところが、彼は戦時中に大学（東京帝国大学）の工学部寮の委員長をしていて、三百人ぐらいの寮生の面倒を見て、生活全般について四六時中観察する機会を得たわけです。しかも、戦時中だから全員の血液型が登録されている。そういう幸運に恵まれて、寮生たちの動きを見ていたら本当に血液型ごとにクッキリと共通性や違いが出ていると。これは中学の頃に聞いた噂は本当だ。真剣に考えてみる価値がある、と(一〇七～八ページ)。

血液型人間学のルーツ

能見正比古の血液型人間学は古川の血液型気質相関説にルーツを持って発展する。わが国の大衆文化に目立っている血液型性格判断(運勢・相性を含む)ブーム(一)は、爛熟したテレビ社会と正比古の筆勢と島国という地理的環境という三者の運のいい? 相乗効果のたまものなのである。

血液型についてのブームは去った——というより固着してしまったのである。いま女子高生の制服はほとんどミニスカートである。あれもすでに固定してしまったのである。能見正比古は幸運な人であると思う。

わが国で血液型性格判断がブームになり、やがて固着する原因のひとつに全人口の血液型分布が四・三・二・一というバランスがとれた比率にある——という有力な説がある。当時の日本人はそのような比率を知っていたのだろうか。フランス人も四・三・二・一の比率を持っている。しかも、一九六〇年にレオ

(一) ブーム(boom)というのは、にわかに活気づくような流行現象を指すコトバで、もともとは経済現象を表わすものであったが、多くの領域に転用されるようになった。ファッド(fad)はごく短期的に大衆の人気をさらい、そして消えていく流行現象のこと。そのほかクレイズ(craze)というコトバもある。これは一時的熱狂的な流行現象である。血液型は一時テレビ界を席巻し視聴率を上昇させていたが、B型やAB型に対する偏見が生まれ、テレビ界から姿を消してしまった。テレビ界は視聴率が命なのである。現在はクイズばやりで知的なタレント、阿呆丸出しのタレント(あれは演技か)に人気があり、視聴率もけっこう高い。NHKでさえも視聴率を気にする時代である。視聴率のことを業界では単に「数字」という。その数字はサンプルから収集されたものにすぎないのに業界は狂奔している。

ン・ブールデルとJ・ジュネベが（一）『血液型と気質』という本を出している。それでもブームにまではいたらなかったようである。日本人とフランス人との国民性の相違であろうか。

それよりもこのフランス式血液型性格学のルーツはどこにあるんだろう。

古川がドイツの学術誌に所説を発表したのが一九二八年、アメリカの学術誌には一九三〇年、どちらがルーツであろうか。

正比古は一九八一年に没しているが、その一年前の八月一七日、西ドイツ（二）の雑誌『アクトゥエル（ドイツ語で「目下の」という形容詞）』には能見正比古と俊賢の顔写真とともに能見の「血液型人間学」の概要が紹介されている。フランスの『血液型と気質』のルーツはもちろんこれではない。

ヤマトタケルの血液型

正比古は血液型当てっこゲームはあまり好きではないらしい。しかし、『アボ・メイト』にはしばしば歴史的人物の血液型推理を実施している。その一部を抜き出してみよう。紫式部A型、坂本龍馬B型、秀吉の正妻ねねO型、一休禅師AB型――というように数人で討論しながら推定していくのである。それではヤマトタケル（最初

（一）　Léon Bourdel. J. Genevès. この二人の血液型気質の詳細は科学雑誌『クォーク』の一九八九年三月号に掲載されているが、四群の血液型気質の特徴は本書の巻末の付録に転載してある。

（二）　第二次大戦後、ドイツは東西二国に分割されていた。

表66　血液型が4・3・2・1の比率を持つ4国

対　象	人数	A	O	B	AB
フランス人	人 2,107	38.4	34.6	21.3	5.7
ポーランド人	人 12,628	39.1	32.6	20.6	7.8
ロシア人	人 2,107	38.4	34.6	21.3	5.7
日本人（古川）	人 20,397	38.1	30.7	21.8	9.4

（注）ロシアは代表的な多民族国家。この約2,000人はどこから採ったものだろうか。

女性＼男性	A	B	O	AB
A	大吉	凶	大吉	吉
B	凶	吉	大吉	吉
O	大吉	大吉	凶	吉
AB	吉	吉	吉	凶

図79　古峯神社の相性表

の名前は小碓命《おうすのみこと》）はなに型なんだろう。『アボ・メイト』の会員は悲劇の英雄ヤマトタケルはB型だ——としている(一)。父親の景行天皇は息子の強さに不安を持ち、あわよくば戦死してくれれば——と期待して西国の熊襲や東国の蝦夷の征伐に出征させる。しかし、彼は都の地（現在の奈良）の近くまで帰ってくるが病没してしまう。そして大きな白鳥になって飛び去っていくのである。悲劇の英雄と呼ばれるゆえんである。ABOの会ではヤマトタケルをB型と判定している。古峯神社（栃木県鹿沼市草久）の祭神はヤマトタケルであるが、そこで売っているお御籤は血液型相性で正比古の血液型性格をベースにしている(二)。

私はあるとき古峯神社に参拝したが、何気なく求めたお御籤が正比古の血液型性格そっくりなのにびっくりした。

渡邊芳之（現：帯広畜産大学）と佐藤達哉（現：立命館大学）による『オール・ザット・血液型』によると、血液型グッズの社会への浸透には驚嘆する。

『**血液型でわかる相性**』の「**あとがきにかえて**」から

「血液型の科学的知識に関し、その著書を学ばせていただいた古畑種基博士、

(一)　ABOの会研究部の発表によると、今回の推理に応募した人は五人。ヤマトタケルをO型とする人三人。A型とする人二人である。研究部ではヤマトタケルは古代の英雄伝説を一人の名のもとに集めたものであることは間違いない——とし、A型かB型かにしぼりこむ。そして女装して熊襲の首領を殺したり、焼津でだまされたり、父親の仕打ちを嘆いたりするところからB型と判定する。私はA型だと思う。

(二)　A型の性格を例に挙げる。
・周囲に細かく気を遣い相手や周囲との間に波風が起こるのを特にきらう。
・感情や欲求は抑制するほう。ソッとした思いやりや察しあいを大切にする。
・筋を通し、ものごとのケジメ、白黒をハッキリつける。シンは一番ガンコで短気。
・責任感、使命感が強く、根気強く常識的な人が多い。

三〇年前、血液型と気質への関心を喚起してくれた故古川竹二教授への感謝はつきない（後略）」

しかし、正比古が有名になるにつれて古川の影は急激に薄くなり、しまいには「居ては迷惑な人」になってしまう。能見正比古の講演スケジュールを見たことがある。まさに有名タレントなみの分刻みスケジュールである。酒は飲まないが銘柄を選ばないヘヴィスモーカー。本人は銘柄が一貫していたらつまらない――という。肥満型の体型で超多忙、そしてヘヴィスモーカー、これで心臓疾患にならなかったら不思議だろう。

『故能見正比古追悼寄稿集』から正比古を見る

この『追悼寄稿集』のなかから「正比古」をさらに掘り下げていきたいと思

図80 『オールザット血液型』のブックカバー

図81 『故能見正比古追悼寄稿集』の表紙 ABOの会事務局刊（1982年10月）

う。もう相当掘り起こしたつもりだが、新しい化石に巡り会うかもしれない。ただ『寄稿集』に参加した人のなかに正比古批判の人はいないと思う。

ここにはよく知られているタレントがいる。春風亭柳昇・富永一郎・中村メイコ・野末陳平・三木鶏郎・宮城マリ子たちである。

すでに記述したように正比古の師匠だった大宅壮一は正比古に「怪獣」という渾名を付けていた。現代的にいえば「アボタラザウルス」か。正比古は唇が分厚く眼光が鋭い。そして太っていた。本人は「太っている奴に悪い奴はいない」と笑っていたそうである。ノッシノッシと歩く巨体、中村メイコ（O型）は「のらくろ」や「タンクタンクロー」を連想する――と書いている。（一）

寄稿者の記述のなかから正比古の人間像を拾い出してみよう。

気軽、おおらか、エネルギッシュ、生き生きしている、気くばり、優しさ、人なつっこい、社交的、集中力、達成力、ロマンチックな詩人肌と厳しい現実性（これは正比古が挙げたO型の特徴である）。

これらは『寄稿集』からのものであるが、正比古の性格を語る場合、どうしても触れなければならないことがある。それは能見の出自にも関することである。正比古はO型の父親とB型の母親の間の長男として誕生している。表現型としてはB型だが遺伝子型としてはBO型である。『血液型でわかる相性』に

（一）「のらくろ」は多くの若者が知っていると思うが「タンクタンクロー」は知らないと思う。図82に見られるような球形の飛翔体からいろいろな武器が出てくるのである。阪本牙城という漫画家のセンスが非常に優れていたことを物語る漫画である。

図82　戦前の人気スーパーマン阪本牙城の「タンクタンクロー」と田河水泡の「のらくろ」

はBO型の人の能力として次の五項目を挙げている。①着想力に富み、そのアイディアは自由奔放、②企画の目的をよく理解し、多くの案を総合する能力が高い、③他人の案をそのまま認めない傾向がある、④新しい考えを呑み込むのが早い、⑤考えの切り換えが早いがときには現実性を欠く案にこだわることがある——の五項目である。これらは明らかに正比古自身を意識して挙げたものである。

正比古と心理検査

正比古は心理検査を受けたことがない。そこでここでは「もしも」の心理検査の結果を掲示しておこう。

情緒（情動年齢）検査　J・G・フレデリック(一)による検査であるが一般に使われている暦年齢（生活年齢）とは別に情緒年齢（EQ）を算出する。この検査によると正比古のEQは一七歳、「子どもっぽい」レベルであった(二)。

情意徴標検査（心情質徴標検査）　成田勝郎・鰭崎轍(三)によって作成された情緒（情動）と意志に関する問診法である。この検査によると、粘着性と即行性の矛盾が正比古にあることが明らかになっている。その他、自己顕示が突出している。パッとしていないと気にくわない人なのである。

矢田部ギルフォード性格検査（YG検査）　この心理検査は一九五五年ごろ

(一)　J.G. Frederick はアメリカのサイコロジスト。この検査は日本大学の木村禎司によって翻訳され日本応用心理学会で発表されている。日本における標準化は行なわれていない。

(二)　大村・浮谷：日本心理学会第六一回研究発表論文集参照。

(三)　安藤・大村・花沢・佐藤共著『心理検査の理論と実際　改定版』一九七一年刊参照。

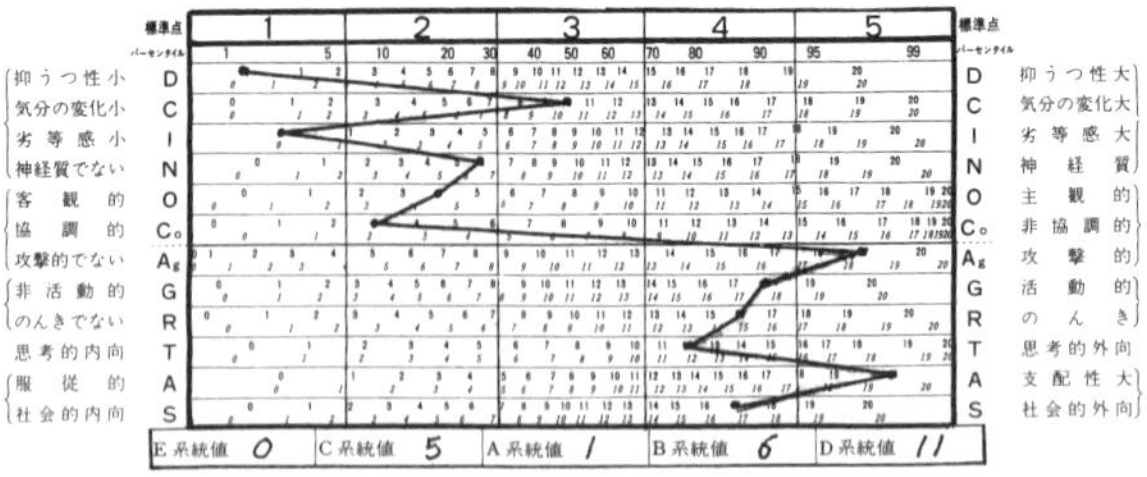

図83　能見正比古のＹＧ検査仮想プロフィール

に標準化された古呆けた検査であるが、このようなときでないと役に立たない。(一) 正比古はこの検査によると明らかにD型（ディレクター型）である。さまざまな場面で主導的地位にいないと気が済まない人なのである。図83は正比古の仮想的ＹＧ検査プロフィールである。

（一）いまだに入社試験や教員採用試験に使用しているところがあるそうであるから驚きである。

第7章　血液型人間学とテレビ放映

テレビ放送の良否はその倫理性にあるのではない。倫理的基準という枠組みがあるにはあるが、それは問題外のことで、良否は意外？　にも視聴率なのである。ある会社がなん軒かの家庭に視聴率測定器を設置してもらってそこからの情報をベースにして視聴率という怪しげな百分率を毎日発表するのである。多くのテレビ局では社員や出演者のゲイトのすぐ側に前日の視聴率の高い番組がその順に掲示されている。視聴率の高い番組のプロデューサーは局の廊下を風を切って歩いている。視聴率のひどい番組は適当なところで消えていく。NHKのようなところでも視聴率を気にする。いま放映中の大河ドラマ『平清盛』はわずか一〇%そこそこの視聴率だと報道されている。民放だったら大金をかけてスポンサーがつかず保元の乱になる前に打切りになるだろう。

話題を本線にもどすが、ある時期のテレビ界は血液型だらけ？　だったといっても過言ではなかったと思う。多くの大学にも血液型研究サークル（公認）が

図84　上智大学の血液型研究サークルの同人雑誌の表紙

図85　東京大学の血液型研究サークルの同人雑誌の表紙

あってけっこう人気があったという。右の図はある時期に上智大学（ソフィア・ユニヴァスティ）、東京大学（駒場キャンパス）に存在した血液型研究サークルの同人誌の表紙である。かなりアクティヴな活動をしていたようである。

これらのサークル活動と血液型人間学に反論を展開するテレビ局があったとすれば当然揉め事が起こってくる。ここではＴＢＳで起こった事件を紹介してみよう。この事件は物語的なルーツを持っているので実に興味深いのである。

森本毅郎《たけろう》の述懐

森本（一）はＮＨＫに入局する際の身体検査でAB型と判定された。この時代（一九六五年ごろか）（二）は血液型にはまだそう強い関心はなかったようである。森本は

（一）一九三九年東京生まれ。慶応義塾大学文学部英文学科卒。ＮＨＫ入局、岡山・佐世保・神戸の各局を経て東京アナウンス局へ。その後、ＮＨＫを退局してフリーになる。この事件に遭遇したときは赤坂の「ＴＢＳ」で「日曜ゴールデン特版」のキャスターなどを担当していた。

（二）一九七〇年には目黒宏次・澄子夫妻、その門下の鈴木芳正たちが活躍し、その一年後に能見正比古が出てくる。森本がＮＨＫに入局したころは血液型はあまり流行っていなかったと思う。

自分のAB型に気に入っていた。単純よりも複雑を好む私にはAB型が希少性であるということも優越感も伴なって心地よいことだったという。まわりの人たちも「キャスターはAB型がいいんだ」とか、「森本はAB型の典型だ」とかということになり、自分でも満足していたというわけ。

しかし、大事件が起きてしまう。中学生のお嬢さんはO型だったのである。彼女は学校で血液型の遺伝の法則の話を聴き「私はこの家の子どもではない」といい出したのである。AB型の父親とO型の母親からはO型の私は絶対に生まれないからである。森本家はたいへんな騒動になってしまったのである。

しかし、この騒動は呆気なく解決してしまう。父親の血液型がAB型ではなくA型だったのである。

図86　森本毅郎（1939〜）と『血液型人間学のウソ』（日本実業出版社）のブックカバー

森本の「血液型と性格」に関する不信はこのときに芽生えたとのことである。二〇年間自分はAB型だと信じ、まわりの人たちからも「おまえはAB型の典型だ」といわれていた「自分」はどこへ行ってしまったんだろう? 森本は『血液型人間学のウソ』のなかで次のように述べている。少し長いが原文に忠実に転載してみよう(一九~二一ページ)。

血液型で性格がわかるというのはインチキではないか? つまり、自分でAB型だと思いこめば、AB型の性格といわれるものに合ってくると思ってしまう。心理的トリックではないかと考えたわけです。人間というものは、ある規範を示されると、それにフィット・インする傾向があります。A型だからこういうA型的性格だ、といわれると、無意識に合わせていく心理が働くのです。特に、いまの世の中のように複雑で未来に不確定要素が多いと、何か規範となるものに拠りどころを求めて安心したいという心理が強まります。血液型性格学ブームも、そこにつけこんだもののように思えました。もっともこの時点ではまだ私は血液型性格学にメクジラたてて否定する気はありませんでした。(中略)けれども、そのうちに、ある区役所が採用時に血液型を問題にしているらしいとか、ある会社でO型

表67 親と子どもの血液型の遺伝

親の血液型	子どもの血液型	親の血液型	子どもの血液型
O×O	O	A×A	A, O
A×O	A, O	B×B	B, O
B×O	B, O	A×AB	A, B, AB
O×AB	A, B	B×AB	A, B, AB
A×B	A, B, O, AB	AB×AB	A, B, AB

の重役が欠員になったときは、後釜（後継者）にはO型の人を起用すると決めているとか、そういうような噂が耳に入ってきました。ここで、はてな、と思ったのです。これはいくらなんでもやりすぎではないか。O型の重役のあとには、AB型の人では能力には関係なくなれないとしたら、これはもうロマンチシズムの域を超えている。こういう風潮を、黙って見すごしていていいのだろうかという考え方も当然、生まれてきます。

このような契機で森本毅郎は血液型に関する番組を製作することになるのである。森本とスタッフの共通した考えは「お遊びか占いに過ぎないと思っていた血液型性格学が、いつのまにか会社の人事にまで影響を与えるまでになっている。個人では選択できないことがらで人生を左右されるというのは許せない」という江戸っ子的な正義感だそうである。

森本は科学雑誌『クォーク』の松田國博論文をはじめ多くの文献を検索し、戦前においても血液型と性格は関係ない――ということが伝えられていたことを突きとめ、一気に企画を煮つめ『森本毅郎の諸君スペッシャルだ』で「ブームに異議あり！　血液型信仰を斬る」が放映されたのである。

一九八四年七月一五日（日）夜九時のゴールデンタイムにそれまでになかった森本の厳しい批判が、それでもソフトな口調で浴びせられた（一）。

（一）　なお、一九八二年五月一七日のNHK総合テレビ『ウルトラ・アイ』では、一般人には非常に珍しい筆圧実験を登場させ血液型と体質の関係を追究している（日本大学文理学部山岡淳担当）。さらに、一九八四年二月二一日のNHK総合テレビの朝の番組では、ニセモノの血液型性格特徴でも六三人のうち五七人（九〇・五％）が引っかかってしまうことを証明している。すなわち、A型と書いてあると中味がB型であってもO型であってもA型の人は「これが自分の性格だ」と認知してしまうのである（日本大学文理学部大村政男担当）。

『アボ・メイト』が反発する

能見正比古の没後、その跡を継いだ俊賢は大きな批判に晒されることになる。『アボ・メイト』の会員はどう応えているだろうか。一九八四年八月発行の第六巻八号（通巻五一号）には「読者の広場」に森上耕次がまとめたものが二ページにわたる反論として掲載されている。主要な部分を転載しておこう。

先日、放映されたTBSの番組に対し局に抗議文を送りましたので、その内容を報告いたします。

TBSの意識レベルの低さを痛感させられる番組だった。実に無智である。結論からいえば、〝検証〟などとさも科学的論証がなされたがごとき表現を用いた、主観論、あるいは感情論にすぎない。（中略）科学者と称する松田（國博）氏が番組の最後に「科学と遊びを明確に区別しなければならない」という主旨のことを述べたが、それは当然で、TBSのおそまつな取材で〝科学的〟と信じるところに哀れさを感じる。（中略）かれらはその発言に絶対的責任を負うことができるのか！　次にそれぞれの検証について触れてみよう。

(1)　ABO式は一〇〇種類以上もある血液型のひとつにすぎない。そこで性格と結びつけるのは可笑しいと指摘している。ここでの問題はなぜABO式だけにこだわるのか――ということである。その理由は簡単である。人類の歴史を展望して客観的かつ科学的な分類（材質）方法がABO式血液型以外にひとつもなかったことに注目してもらいたい。能見先生はとりあえずABO式の血液型で始めただけのことで、それが統計的にも驚くべき事実を導き出したのである。能見先生が数十万の膨大なデータを集め始めてから一〇数年しかたっていない。いままさに血液型人間学は偉大な一歩を踏み出したばかりなのだ（一）。

(2) 植物にも血液型がある――すなわち植物にも性格があるのはおかしい（二）。放映のなかでこれほど滑稽なことはない。ここでは血液型＝心という同義語化が使われており、この論理の飛躍に唖然とするばかりである。〝気質・性格〟の概念把握の未熟さに起因する。まさに論外というべきである。念のために再確認すれば、血液型が人間の性格に〝傾向的影響〟を与えているということであって、決して血液型そのものが気質を持っているわけではないのだ。植物における〝性格〟の概念も人間のそれと同様のはずがない。植物においては、例えば〝遺伝的成長の方向性〟などと呼称すべきであろう。

（一） この反論者は能見正比古の血液型人間学のベースが古川竹二の血液型気質相関説に在ることをまったく知らないのである。無知と傲慢が合体したものくらいこわいものはない。

（二） 植物にも血液型物質は存在している。アオキはA型、セロリはB型、キクやダイコンはO型、バラはAB型である。

なお、スキートピーの巻手の研究をした中野俊大によるとツルが竹の棒のような物体に巻きつくときは自然に捲きついていくが、角のある四角い棒に出合うとしばらく考えこむそうである。

(3) 同じ血液型の一卵性双生児でさえ生まれたときから性格が違う。したがって無意味である——というのである。しかし、この場合、ある家の一卵性双生児と他の家の一卵性双生児とを比較すべきではないだろうか。

(4) 現代心理学によっても血液型性格判断は否定されている——というが、YG性格検査やESSP検査（エドワード式性格検査）の項目で作成した性格判断を行なっているが、この方法では、個人における性格傾向は多少読み取れてもさらにその奥にある型に共通する傾向を読み取ることはできない。さらに対象の人が自分自身の行動パターンを把握できていないために生じる思い込みの記入が多いことも指摘できる。心理学における性格用語のあいまいさ、質問の単純さをあらためて確認できた。

(5) 血液型ブームの原点は統計学的に根拠がない、よって非科学的であるといっているが、これには二つの問題点がある。その一は『血液型と気質』のルーツと現在のブームといわれるもののルーツとは違うということである。前者は古川竹二であり、後者は能見正比古である。当然ながら両者の研究にはケタ違いの開きがある。それを無視して、二つ目の問題点〝統計学的に根拠がない〟と続いている。それは〝原点〟ということばですべてを打ち消そうとする作意以外の何者でもない。

能見正比古は俊賢とともに膨大なデータを集め分析しており、それをあたまから否定することなどとうていできるはずがない。この種のデータ分析には、ただの学者では持ち得ない直感《ママ》にも似た洞察力が必要になってくる(一)。だから同じデータでも能力のある人間と無い人間とでは導き出される結論も異なってくるわけで、ひとつの方向性の思考パターンしか持ち合わせていない学者にはとうてい理解できないのも無理からぬ話である。

(6) 血液型が性格を決定するならば、血液型物質は大脳内にたくさん分布していなければならない。しかし、していない。そこで否定される。

それについて応えよう。血液型物質の比率は、胃を一〇〇とすると、十二指腸九〇、食道七〇、筋肉四〇、肝臓三四、肺臓二九、大脳八ということになるが、そこで大脳にいちばん少ない血液型物質は性格に関係がない——といっているのである。これはとりもなおさず、最後まで〝血液型と気質〟の概念規定が正しく認知されなかったことを意味する。血液型はまさに〝体質〟であり、体のどこにあろうが、なんらかのかたちで大脳にシグナルを送ることになり、性格の形成に関与しているのである。

森上耕次が『アボ・メイト』の編集部に投稿した森本に対する抗議文(二)はもっと長文なのであるが、編集部で主要部分だけを抜き出してまとめている。森上

(一) 直感は直観のミスではないか。またこの件《くだり》は古川の一貫した考え方である。

(二) 森上が挙げたのは七項目であるが、私は(3)をはずし、順送りにして六項目にしている。(3)は「たったひとつの血液型でもいろいろな性格がある、だから分けられない」ということである。これが否定派の主張であるが、肯定派は「うちはみんな□型ですが性格はみんな違います」というありふれたコトバを引用して応答している。

のほかにも多数の抗議文があったそうである。TBSにも多数舞い込んだと思われる。

血液型研究会の学生たち

一九八四年の一一月二日（金）（一）、上智大学・慶応義塾大学・明治大学・東京大学・早稲田大学の血液型研究会の学生たちと、東京薬科大学のOBたちが大挙？ してTBSにやってくる。用件はもちろん七月一五日の『森本毅郎の諸君スペッシャルだ』で「ブームに異議あり！ 血液型信仰を斬る」に対する抗議行動である。放映があってから三ヵ月以上も経っている。どうしたのであろうか。森本毅郎の回想をひもといてみよう。

日時の記載はないがまず電話があったという。

「大学の血液型研究会のメンバーですが、あの番組は一方的な決めつけです。血液型性格学は絶対的に正しいんです」――こういう人たちがやってきたのである。各大学の研究会の中心になっているのは故能見正比古が主宰していた勉強会〝座学〟（二）のリーダーたちだったという。そういうリーダーに鍛えられたかれらなので一方的にまくしたてるかと思っていたらみんなお行儀がよかったそうである。しかし、その質疑応答は平行論をたどって終結してしまう。

（一） いくつかの大学の担当機関に往復ハガキで問合わせたところ、血液型研究会は上智大学、東京大学、早稲田大学においてはすでに公認のサークルからは消えている。公認されていないと学園祭などのとき補助金が支出されない。

（二） 座学とはもともとは軍隊用語。野外演習のような実技訓練を除く室内での講義をいう。能見正比古のそのカリスマ性を十分に活用した座談は魅力的だったという。

学生たちは統計的に証明されている、だから占いではない、能見先生も血液型性格学は科学だ――といっている、と統計的証拠を挙げてくる。しかし、統計法という技法はサンプルによってどのようにも変容してしまうのである(二)。

森本毅郎対有名大学血液型研究会とのディスカッションは「いたちゴッコ(ねずみゴッコともいう)」に終わってしまう。しかし、現在、これらの研究会が解散しているところを見ると、かれらは「ヤル気」を失ってしまったのである。能見俊賢の『アボ・メイト』も通巻六九号で休刊することになってしまう。血液型人間学研究所を主催する能見俊賢は「月刊アボメイトは一時休刊とするが、季刊の血液型人間情報誌として、更には書店でも扱う血液型総合誌として誕生させる予定である。これまでのご愛読を心から謝すると共に、新たなチャレンジを誓うものである(原文)」で終わっている。

森本毅郎の結論

この異常な血液型ブームを支えているものはなんなのだろうか――と彼は問いかけている。彼は「時代性」にある――と強調している。森本は、軽薄短小の時代に人びとが自分自身の主体性に自信を無くして血液型性格ブームに酔うというのではちょっと淋しすぎる――と述べてこの『血液型人間学のウソ』を

(二) 記述統計学にせよ、推測統計学(推計学)にせよ、信頼できるのだろうか。特に推計学は確率で結論を出す。あの計算は信頼できるのか。いずれ考察しよう。

擱筆している。この本が刊行された一九八五年の一年後に大西赤人の『「血液型」の迷路』が出た。両者とも現在まったく古本屋では見かけない。書架に並べるだけでなく知的な批判精神を養ってほしいと思う。なお、私が強調したいのは森本と大西両者の構想についての理解を深めて「血液型性格学」の面白さを理解してもらいたい――といっていることである。『アンアン』なんか見てはいけない――といっているわけではないのである。私もテーマが血液型だと必ず購入している。『アンアン』の読者の八〇％は血液型の信者とのことである。ある公立大学の心理学科の学生が卒業論文で「アンチ血液型」の結論を出したら研究室内で孤立してしまったそうである。血液型信仰は女性の特徴か。私は七〇歳を超えた女性で血液型に熱心な人たちに会ったことがある。

第8章　血液型性格学アラカルト

ここでは血液型性格学アラカルトを配列してみようと思う。前述の7章に含められなかった資料を配列することになる。

キャテルの「血液型・パーソナリティ」研究

溝口元（立正大学）はキャテルたちによる論文「血液型とパーソナリティ特性」を外国における〝血液型とパーソナリティ〟研究の代表として、『科学史研究II』（一九九三年）に掲載している。かれらはそこでA型が他の血液型よりも繊細性が高いと記述している。繊細性とはキャテルたちがいう「防衛的情緒過敏」の別称で、A型が他よりもそれが高いということはいちおう納得できる？ようである。

私と浮谷秀一は『日本版16PF』(一)を大学生たちに実施してみたが乱雑な結果の陳列に終わってしまった。もちろんA型の繊細性も現われてこない。もとも

（一）R B. Cattell たちは『高校用パーソナリティ質問紙』を用いている。この質問紙は16個の因子を通してパーソナリティを測定しようとするアメリカ人好みの心理検査である。16個の因子のなかには知能まで含めている。キャテルは因子分析法によってパーソナリティを理解しようとしているが、スターダストのような細かい因子まで質問紙に含めている。村上宣寛（富山大学）によって厳しく批判されているが、日本のサイコロジストのタマゴたちは外国人の名前の付いたテスト（例：矢田部ギルフォード性格検査）が大好きである。

とこの日本版は評価が低い検査である。ある検査項目に驚くべきものがある。それは「銃に実弾がはいっていると弾をぬくまで気が気でない」という項目である。翻訳版を作成した人はなにを考えていたんだろう（一）。

「サザエさんち」の血液型

長谷川町子の『サザエさん』はどこの家庭にもあるような日常の出来事の描写であるが不思議にも人気がある。この「サザエさん」に心理学的に手を付けた人は当時弘前大学にいた林春男（現：京都大学防災研究所）である。林の研究結果を簡単に示しておこう。波平A型かO型、舟A型かO型、サザエB型かO型、マスオA型かO型、カツオB型かO型、ワカメA型かO型、タラオA型かO型。サザエ・カツオ・ワカメは波平・舟夫婦の子ども（三人きょうだい）である。タラオはマスオ・サザエ夫婦の長男である。学生たちの認知の総合であるから遺伝的な法則とのズレがあっても問題にはしていないのである。私たちも林にならって「磯野家・フグ田家七人の血液型を追究する」を発表している（二）。それによると、波平A型かB型、舟A型かO型、サザエB型かO型、マスオA型かO型、カツオB型かO型、ワカメA型かO型、タラオA型かO型となっている。ここでも学生の認知の総合であるから遺伝的な血液型は問題にし

（一） 日本応用心理学会第六一回大会（一九九四年九月）城西大学会場における「血液型性格学は信頼できるか：第一一報Ⅰ・Ⅱ」参照。研究参加者：浮谷秀一・大村政男・藤田主一・高山紀代・若色智子。村上宣寛による『心理テストはウソでした』は熟読すべき良書であると思っている。

図87　村上宣寛の著書ブックカバー

（二） 前記学会の第七三回大会（二〇〇六年九月）文京学院大学会場において「血液型性格学は信頼できるか：第二三報Ⅰ・Ⅱ」参照。研究参加者：浮谷秀一・大村政男・藤田主一・卓地《つくえち》圭子。

ていない。

林の研究と私たちの研究とをまとめると、長谷川町子の描くキャラクタについて次のようなことがいえると思う。

「サザエさんち」のキャラクタは代表的な日本人で、A型・O型的人間像である。ただこれだけではものたりない。そこにユーモアを添えるのがサザエとカツオが演じているB型的人間像である。B型タレントには、明石家さんま・泉ピン子・イチロー・大橋巨泉・小倉智昭・コロッケ・清水ミチコ・そのまんまひがし・天童よしみ・森繁久弥・やくみつる・吉幾三など、錚々《そうそう》たる人たちがいる。

「ドラえもん」をめぐるキャラクタの血液型

私たちは心理学の学会で「ドラえもんの血液型を推定する」を発表している。(一)漫画『ドラえもん』は藤子・F・不二雄の名作である。「ドラえもん」はロボットだから血液型はない——が、その行動のパターンから無理して推定してもらった。その結果は次のとおりである。簡潔に紹介しておこう。

ドラえもんA型かO型、のびた（野比のび太）O型、しずか（源静香）A型、スネ夫（骨川スネ夫）B型、ジャイアン（剛田武）B型かO型、出木杉A型か

(一) 日本応用心理学会第七二回大会（二〇〇五年九月）福島学院大学会場における「血液型性格学は信頼できるか：第二二報Ⅰ・Ⅱ」参照。研究参加者：浮谷秀一・大村政男・藤田主一・城田明子。

AB型、のび太のパパ（野比のび助）O型、のび太のママ（野比玉子・旧姓片岡）A型——ということである。心理学もこのような研究をしていれば害はないだろうと思うが、アカデミックなスタンスの人からは嫌われると思う。

浦島太郎の血液型

『血液型英語上達法』の著者松本道弘の実妹に当たる奥村幸子はあるとき突調子もないことを発表した。「浦島太郎の血液型」である。彼女のクリエイティヴな発想の産物である。

A型だったら：龍宮城でタイやヒラメに気を遣ってさかんに恐縮する。
B型だったら：龍宮城で遠慮なく飲み喰いしてつまらなくなると勝手に亀に乗って帰ってしまう。
O型だったら：龍宮城では大騒ぎして乙姫様もあきれかえる。
AB型だったら：龍宮城ではタイやヒラメをナンパする。許可も得ないのにほうぼう見てまわる。

このような研究は血液型性格は——というような学術的？な論争よりもずっと面白く気が楽である。（一）

（一）　大村・浮谷・藤田の調査では次のとおりである。浦島太郎は、
A型だと思う：一七〇人（二七・五％）。
B型だと思う：一六〇人（二五・九％）。
O型だと思う：二二二人（三五・九％）。
AB型だと思う：六六人（一〇・七％）——となっている。奥村幸子の観点とはスタンスが違うので比較できないが、このようなことをやっているのはテレビ的なのか。

『おしん』の主人公おしんの血液型

NHKの朝の連続テレビ小説（一九八三年四月から）『おしん』はアジアから中近東までの人びとの人気をさらい、現在でもその人気は衰えていない。彼女の血液型はなんだろう？　多くの人びとはどんな推定をするだろうか。多数の学生たちは、A型とするもの四七・七％と圧倒的である。O型三二・七％、B型一四・六％、AB型五・〇％である。おしんが成長してから主演した小林綾子が奇しくもA型であったのも面白い（一）。

衆議院議員の血液型

能見正比古は第三四回総選挙による当選者四五三人（一九七六年一二月）の血液型を調査し表68の一段目に示したような結果を得ている。この結果が「狭い意味での政治性、政治家タイプの主役はO型なのだ」ということになってしまった（二）。

このとんでもない風評は数回の総選挙で崩れてしまう。表68にある草野直樹（ジャパン・スケプティックス学会）の資料においても、私たちの資料におい（三）てもO型は鳴かず飛ばずの平凡さである。表68には「いわゆる小泉チルドレン」

（一）小林綾子は一九七二年八月、東京生まれ。立命館大学卒。
　この研究については他の資料とともに日本応用心理学会第五二回大会（一九八五年八月）岩手大学会場における「血液型性格学は信頼できるか：第二報」参照。

（二）北京で発行されている血液型に関する四部作：曲音著『血型A・星座・命運』華語出版社、一九九三年。これと同類の本が三冊ある。これらについての解説は次の文献に記述されている。
　大村・浮谷・藤田　血液型気質相関説の史的評論III　応用心理学研究　第二四巻二号。

（三）小泉チルドレンとはあの郵政解散のおり小泉純一郎が組織した刺客たちである。

も載っている。チルドレンと呼ばれた人びとの大部分は第四五回の総選挙で消えてしまった。議員になって高級料亭での宴会を――としゃべっていたあの若者（彼はO型だった）も消えている。刺客たちの無残な最期である。

なお、小泉チルドレンが集まって『自民党一年生議員八三会代議士名鑑』というエッセイ集を刊行している。

推計学的検定で〝O型優位〟が一回でも現われると、それが法則？　めいてくるから可笑しな話である。これは能見正比古や竹内久美子に限ったことではない。最近のサイコロジストの学会発表の大部分が推測統計学（推計学）とパソコンによって行なわれている。〝機械化された心理学〟の時代なのである。

表68　衆議院議員の血液型

対　象	A	B	O	AB	人数	研究者
第34回総選挙当選者（全議員）	140 (30.9)	83 (18.3)	163 (36.0)	67 (14.8)	453	能見正比古
第36回総選挙当選者（10回以上）	12 (21.1)	11 (19.3)	26 (45.6)	8 (14.0)	57	竹内久美子
第39回総選挙当選者（10回以上）	11 (28.2)	5 (12.8)	18 (46.2)	5 (12.8)	39	竹内久美子
第40回総選挙当選者（全議員）	151 (36.0)	93 (22.1)	126 (30.0)	50 (11.9)	420	草野直樹
第44回総選挙（郵政解散）当選者（全議員）	165 (35.6)	120 (25.9)	124 (26.7)	55 (11.8)	464	大村・浮谷藤田
上記中のいわゆる小泉チルドレン	32 (43.8)	17 (23.3)	15 (20.6)	9 (12.3)	73	同上
第45回総選挙当選者（10回以上）	7 (41.2)	2 (11.8)	6 (35.3)	2 (11.7)	17	同上
同上　全議員	170 (40.9)	98 (23.6)	106 (25.5)	42 (10.0)	416	同上
同上　全議員のうち小選挙区選出者	90 (34.4)	62 (23.7)	80 (30.5)	30 (11.4)	262	同上
同上　全議員のうち比例代表区出身者	80 (51.9)	36 (23.4)	26 (16.9)	12 (7.8)	154	同上

首相の血液型

『小さな悪魔の背中の窪み』（新潮社一九九四年）の著者竹内久美子（動物行動学者）はその著書の第一章に「血液型とは実は何か」を置き、そこで〝永田町老人が元気な理由——O型人間は病気に強い〟と書いている。また第二章には「血液型と性格の謎に迫る」を置き、そこで〝血液型と性格の関係はなぜ俗説なのか——そのなかなか単純でない歴史〟と〝血液型と性格はやっぱり関係があるのだ！　性格とはそもそもどういうことか〟を記述している。これらの文脈のなかにしばしば「O型」が登場してくる。

霞ケ關仰天

科學の手榴彈飛ぶ

外交官に血液の資格

「〝O型〟に限る」と建白書

さてO型とは

図88　1937年６月ごろの新聞記事

O型は昭和時代の初期にすでに古川竹二によって意志型として、尊重されていた。そのO型優位説がとんでもないときに飛び出してくる。一九三〇年代の終わりごろ、盧溝橋事件、日独伊三国同盟、張鼓峰事件な

表69　首相（40～96代）の血液型

代	姓　　名	A	B	O	AB	?	代	姓　　名	A	B	O	AB	?
40	東條　英機		○				70	鈴木　善行			○		
41	小磯　国昭					○	71	中曽根康弘			○		
42	鈴木貫太郎			○			72	〃			○		
43	東久邇稔彦			○			73	〃			○		
44	幣原喜重郎			○			74	竹下　　登		○			
45	吉田　　茂			○			75	宇野　宗佑	○				
46	片山　　哲			○			76	海部　俊樹	○				
47	芦田　　均	○					77	〃	○				
48	吉田　　茂			○			78	宮沢　喜一				○	
49	〃			○			79	細川　護熙			○		
50	〃			○			80	羽田　　孜			○		
51	〃			○			81	村山　富市			○		
52	鳩山　一郎	○					82	橋本龍太郎				○	
53	〃	○					83	〃				○	
54	〃	○					84	小渕　恵三	○				
55	石橋　湛山			○			85	森　　喜朗			○		
56	岸　　信介			○			86	〃			○		
57	〃			○			87	小泉純一郎	○				
58	池田　勇人			○			88	〃	○				
59	〃			○			89	〃	○				
60	〃			○			90	安倍　晋三		○			
61	佐藤　栄作	○					91	福田　康夫	○				
62	〃	○					92	麻生　太郎	○				
63	〃	○					93	鳩山由紀夫			○		
64	田中　角栄		○				94	菅　　直人			○		
65	〃		○				95	〃			○		
66	三木　武夫	○					96	野田　佳彦		○			
67	福田　赳夫			○			97						
68	大平　正芳			○			98						
69	鈴木　善行			○			99						

ど風雲急な時代が開幕してくる。そのような一九三七年六月下旬、外務省のある嘱託医が〝日本の外交が弱いのは外交官の血液型にある。外交官は意志強固なO型に限る〟――という主旨の建白書を外務大臣に提出している。O型は本当にそうなのであろうか？

竹内久美子はO型の人は生体的にいってがん細胞に対して強い免疫機制を持っているという。その詳細についての記述はここでは省略する。私がA型だからである。主題を首相の血液型にしていこう。確かに首相にO型が目立っているのである――といっても私たちが知ることのできた首相の血液型は、太平洋戦争開戦時から現代にいたるまでのほんのわずかな人たちである。表69は第40代の東條英機から現在の野田佳彦にいたるまでの首相の血液型である。

歴代の首相のうち血液型がわからないのは第四一代の小磯国昭（陸軍大将）ただ一人である。表70(A)は延人数での累計、表70(B)は重複を避けての集計である――が、大勢に変化はない。

第二五代・第二八代の若槻礼次郎はA型、第二七代の浜口雄幸はO型、第三四代・第三八代・第三九代の近衛文麿はO型である。彼は国民に大きな期待をかけられていたが軍部の暴走を抑えることができないで国家を破滅に導いてしまう。近衛は愛娘の結婚披露宴のおりにナチドイツの総統ヒトラー（血液型は

表70　首相（40～96代）の血液型

	A	B	O	AB	延人数	不明
(A)	17 (30.4)	6 (10.7)	30 (53.6)	3 (5.3)	56	1
	A	B	O	AB	人数	不明
(B)	10 (27.8)	5 (13.9)	19 (52.8)	2 (5.5)	36	1

A型といわれているが）に仮装して出席している。O型の意志型は人によりけりなのではないだろうか。

西ドイツ陸軍の血液型（一）

ここで再び竹内久美子の資料を引用しよう。彼女は一九九四年五月に刊行された雑誌『SINRA』のなかで西ドイツ軍の兵士の血液型についての研究を紹介している。西ドイツ軍では志願兵制度と召集兵制度を採用していたそうである。そこで血液型の差が出てくる。志願兵四八四人中にO型が二一九人（四五・二％）見られたが、召集兵一、〇〇五人中にはO型が三九五人（三九・三％）しかいなかったそうである。わが国においてもかつて徴兵制度（男子満二〇歳で徴兵検査）があったが、そのほかに志願兵制度（満一六歳で志願できる）があった。ある時期における志願兵一九一人中、O型は三八・七％（七四人）とかなり多い（二）。

有名な戦艦「大和」の沖縄特攻作戦時には二〇歳未満の少年兵が一〇〇人はいたそうである。かれらのうち三〇％ぐらいがO型だったかどうかはもちろん明らかではない。

（一）　第二次世界大戦後、ヒトラーのいわゆるドイツ第三帝国はソ連系の東ドイツと米英系の西ドイツに分割されていた。

（二）　この比率と古畑種基が見出した日本人における血液型の比率（括弧内の数値）を比較すると次のとおりである。

A型三四・〇％（三七・三％）
B型一六・八％（二二・一％）
O型三八・七％（三一・五％）
AB型一〇・五％（　九・一％）

表71　24型の血液型の構成

	1	2	3	4	5	6	7
A型	A A	A B	A O	A AB	B AB	O AB	AB AB
B型	A B	A AB	B B	B O	B AB	O AB	AB AB
O型	A A	A B	A O	B B	B O	O O	
AB型	A B	A AB	B AB	AB AB			

二四型の血液型と性格像に関する認知的適合感

血液型で性格（もちろん気質を含む概念）を論じるとき、多くの人びとは膨大な数の人たちをたった四群で理解するのは無茶だというのである。これは誤りである。類型論という学問的な体系がある。ＡＢＯ式の血液型によって四群に分けてもなんらかまわないのである。

しかし、配偶者の組合わせによっては二四型の血液型が成立する。表71に示したものがそれである。これが遺伝型、あるいは気質遺伝型と呼ばれるものである。類型学はこのような細かい分け方は好かないが、血液型のファンたちはそれが大好きなのである。もちろん、調査の結果印刷物になったとは思えない。巧妙な作文である（きちんとした証拠があるわけではないが…）。ここではAB型四型の特徴を要約してみよう。

AB1型（A×Bの子ども）：機転がよくきく。フォロー上手で得をすることが多い。弱点は自己の方針を持っていないこと。そこで周囲に引っ張られる。

AB2型（A×ABの子ども）：非常に穏やかでAB型的計算だかさ（自分にとって得になるかどうかを考える）を感じさせない人。交際上手である。

AB3型（B×ABの子ども）：他人のことを気にしないでのびのびと行動する。マイペースがすぎて損をしてしまうことが多い。

AB4型（AB×ABの子ども）：センスはいいがやや冷たい感じがする。

このような性格特徴（A型七型、B型七型、O型六型、AB型四型、合計二四型）が印刷された調査紙（一）（実父母の血液型の記入欄あり）が一四三人の女子学生に配布され、自分の血液型性格と認知的適合感を持つ特徴をチェックさせたのである。彼女たちの判定は①から⑥のうちのどれかで応えるよう指示される（二）。

その結果、①～③の肯定的な回答をしたものが七〇・六％を占めていた。①非常によく当たっている：四・二％、②かなり当たっている：二一・七％、③まあ当たっている：四四・七％がその内訳である。私たちがふつうよく使われている「どちらでもない」という選択肢を入れなかったことについて非難され

（一）この調査紙には実父母の血液型が二四型のすべてについて記載されている。A型の7番はAB型×AB型ということになる。

（二）①非常によく当たっている。②かなり当たっている。③まあ当たっている。④あまり当たっていない。⑤ほとんど当たっていない。⑥全然当たっていない。

るかもしれないが、曖昧な回答をさせないための苦肉のストラテジである。この結果だけから推察すると血液型性格診断に対する信仰はかなり一般的なようである。(一)

能見正比古の「血液型十戒」（能見正比古の「隠れ蓑」）

日本における血液型性格診断の元祖を詐称している能見正比古は一九八四年六月に「血液型十戒」なるものを発表している。モーゼにでもなったつもりか。その驚くべき十戒を紹介しておこう（読点・文字は若干変更している）。

一、血液型で人の性格を決めつけてはいけない。
二、血液型が性格のすべてであると思ってはいけない。
三、血液型で善悪を分けたり人を非難してはいけない。
四、血液型で頭の良し悪しをいってはいけない。
五、血液型で性格はもう変わらないと早合点してはいけない。
六、血液型は適性適職に対して重要だがそれですべてを決めてはいけない。
七、成功や業績は人間の努力の結果、それを血液型で割引いてはいけない。

（彼が首相になったのはO型だから――ということは可笑しいということを示している）

（一）　日本応用心理学会第六三回大会（一九九六年九月）中京大学会場における「血液型性格学は信頼できるか：第一三報Ⅱ」研究者浮谷秀一・大村政男、参照。「認知的適合感」は浮谷がまとめた概念である。

八、血液型と性格の関係分野を医者の領分とカン違いしてはいけない。

九、血液型を占いの一種と思ってはいけない。

十、血液型による違いより人間同士の共通性がはるかに大きいと思うべきである。

血液型によって個性（独自の差異面）が発現するというのが正比古たちの考え方ではなかったのか。人間同士の共通性が大になれば個性はどうなる？

血液型で自動車事故判定

二〇〇七年七月二四日の『朝日新聞』は福岡自動車運転免許試験場で起きた血液型問題について報道している。試験場における講義で二人の講師（県警から講習業務を委託されている福岡県交通安全協会の人）が、「O型は最も事故率が高い・A型は安全運転・B型はメカに強くて自信過剰で不注意事故が目立つ・AB型は神経質で疲れやすく、睡魔に襲われての追突事故が多い」などと説明した。これが問題になった。受講者からは「根拠のない不適

「性格決めつけ」テレビ番組

AB型は B型は

根拠ないのに

放送倫理・番組向上機構 慎重対応要望へ

血液型判断で「いじめ」

視聴者から抗議相次ぐ

血液型による性格判断を扱うテレビ番組が、今春から増えている。特定の血液型を「いい加減な性格の持ち主」「二重人格」などと決めつける内容が目立ち、NHKと民放が設立した第三者機関「放送倫理・番組向上機構（BPO）」には、視聴者から「子供が血液型でいじめを受けた」「一方的な決め付けで不快」などの抗議が4月以降、50件以上寄せられた。このためBPOの青少年委員会は番組内容などを検討し、「科学的根拠があるかのような体裁で問題がある」などと判断、近く民放各社に対し、番組制作にあたり慎重な対応を、と要望する。

「決定！これが日本のベスト100」（テレビ朝日系）、「発掘！あるある大事典Ⅱ」（フジテレビ系）などのバラエティーが、血液型による性格判断を扱う特集を組み、確認できただけで10月に少なくとも6回あった。内容は▽嫌いな血液型、相性が悪い血液型などをランク付けする▽タレントらが「B型はいい加減」「AB型は二重人格」などと言い合う▽保育園児を血液型別に行動観察する――などだ。

立命館大の佐藤達哉助教授（社会心理学）によると、血液型性格判断は80年代にブームになった。学者らが「統計上の違いはわずか。科学的には何も実証されていない」などと批判し、沈静化したが、再び雑誌などが取り上げ「大衆の常識のように定着してしまった」という。

血液型番組の急増・偏見を指摘するサイトを9月に開設した岡山大の長谷川芳典教授（心理学）は「ほとんどの番組は、いい加減なデータでレッテル張りをしている。血液型という生まれつきのもので他人を判断することは不当だ」と批判している。

図89　決めつけなければ番組にならない、決めつければ偏見が起きてしまう。2004年11月27日『毎日新聞』夕刊から。

切な発言」との批判が出て、講師は「講習に関心を持ってもらおうとしたが軽率だった。なにから引用したか覚えていない。データに科学的根拠はない」と謝罪した。

しかし、これには資料がある。一九七八年七月にまとめられたA1U保険会社による事故調査である。（一）正比古は次のようにまとめている。

O型の生命に対する自己防衛本能は、極限状態においては他人を避けようとする以前に自分を守ろうとする行動が一瞬優先し、それが裏目に出て歩行者を回避する処置が遅れることがあるのではないか？　もちろん、瞬間、無意識の行動であり、これがO型のヒューマニスティックな傾向とは無関係である。だが、数値は数値なのだ。O型ドライバーは、ことにその初心者段階において人身事故に対する教育をより工夫することは決して行き過ぎとはいえないだろう。

能見は〝行き過ぎとはいえないだろう〟とまとめている。私はこの発言は別に問題はないと思う。二人の講師はおそらく能見が引用・紹介した表72のような資料を見ていたのであろう。血液型と性格の関係を信じていなくても事実として（それがある時期のものであっても）話をすればよかったように思う。

二〇〇四年一〇月七日、TBSから『超スパスパ人間学』が放映された。こ

（一）　能見正比古『新・血液型人間学』（一九七八年一二月刊）参照。

なお、北海道警はホームページに「星座と交通事故」を掲載している。一例として「うお座」を挙げてみよう。

事故件数が12星座中ワースト一位。若い人、高齢の方は特に安全運転を。郊外の単調な直線道路では居眠りや脇見運転に十分注意しましょう。九月、一〇月、一四時～一六時、二〇時～二二時、月曜日が弱点。

免許講習で血液型事故判定

「軽率だった」

福岡、講師2人

O型の運転者は事故に遭いやすい？　福岡自動車運転免許試験場（福岡市）の講師2人が、「車の事故を起こす確率は血液型ごとに違う」との内容の講習をしていたことが分かった。受講者からは「根拠のない不適切な発言」との批判が出ている。講師は「講習に関心を持ってもらおうとしたが、軽率だった」と話しているという。

福岡県警から講習業務を委託されている同県交通安全協会によると、2人は県警を定年退職したあと講師になった60代の男性。

2人は運転免許の更新時の講習で、受講者に「どの血液型が最も事故を起こしやすいと思うか」などと質問して挙手を求めたあと、スライドを使って「O型は最も事故率が高い」「A型は安全運転」「B型はメカ（機械）に弱くて自信過剰で、不注意事故が目立つ」「AB型は神経質で疲れやすく、睡魔に襲われての追突事故が多い」などと説明していた。

こうした講習は今年2月ころから続いていた。2人は同協会に「書籍か何かから引用したが、覚えていない。データに科学的根拠はない」と話しているという。（福山琢）

図90　免許講習におけるある事件の報道（一部）

のとき私はクロニンジャーのTCIを使って大勢の参加者の性格検査をする機会を得た。クロニンジャーというと黒忍者を連想させて怪しげであるが、TCIは心理学より精神医学の領域で有名になった質問紙形式の心理検査である（一）。この心理検査で、A型は苦痛回避傾向（慎重さ）、B型は新奇性傾向（好奇心）、O型は応報期待（人づきあいの良さ）と検査得点上でわずかに高いことが判明した。そこで「血液型と性格は関係がある」といったわけ。TCIが学界でいくら持て囃されたところで質問紙にすぎない。しかし、私たちは〝血液型性格〟に魅力を持っていなければ三〇回近くも学会で発表を続けてはいない。そのうちいちばん魅力的な研究は、クロニンジャーのTCIと藤田紘一郎（二）の『パラサイト式血液型診断』（新潮社二〇

表72　血液型と交通事故（AIU/能見）

事故	数	A	B	O	AB
追突	282	81 (28.7)	57 (20.2)	90 (31.9)	54 (19.2)
対歩行者	72	21 (29.2)	6 (8.3)	42 (58.3)	3 (4.2)
単独	342	144 (42.1)	66 (19.3)	111 (32.5)	21 (6.1)

（一）　TCIとはTemperament Character Inventoryの略称である。C.R.Cloningerが作成した。ここでいうキャラクタはアメリカ的よりドイツ的である。

（二）　東京医科歯科大学名誉教授。寄生虫の研究者。「カイチュウ博士」という異名を持っている。

〇六年）である。前者はアメリカ的なキャラクタの概念をもともとの概念カラクテルにしていること、後者は血液型・体質・食物の三者を連関させたところである。クロニンジャーは質問紙だから早晩廃たれると思うが、藤田学説はこれからも発展を見せるであろう。

能見正比古・俊賢はすでに故人であるが、その系統を引く人たちによる『アボ・ファン（ＡＢＯ　ＦＡＮ）』も根強い力を持っている。下の図91はインターネットで流された大村批判の一部である。

ＦＢＩ効果

ＦＢＩ効果とは、フリーサイズ（Freesize）効果、ブラックボックス（Black Box）効果、インプリンティング（Imprinting）効果の三件による効果のことである。多くの人びとは血液型性格判断、血液型占いなどを信じている。その原泉はここにあるように思う。

私はさまざまな理屈を搾り出してみた。日本国が島国で、日本人が単一民族のように伝承されていることも大きな潜在的な要因になっていると思う。だれもヤマタイ国の人びとのことには興味は持ってはいるが詳細は知らない。ヒミコという人物とアマテラスとの関係、箸塚に葬られているのはだれだろう？

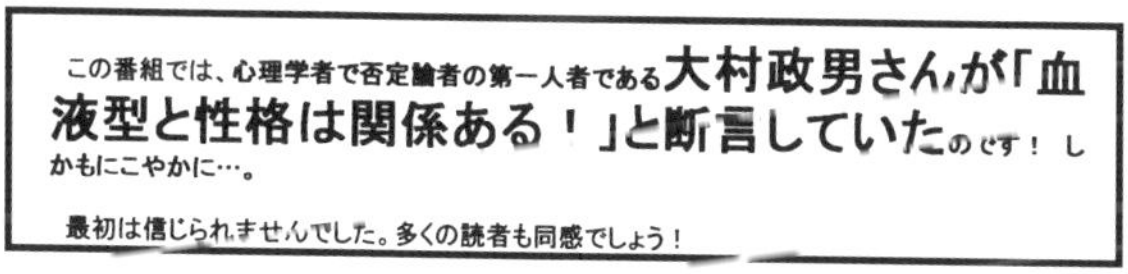
この番組では、心理学者で否定論者の第一人者である**大村政男さんが「血液型と性格は関係ある！」と断言していた**のです！しかもにこやかに…。

最初は信じられませんでした。多くの読者も同感でしょう！

図91　2004年10月７日のＴＢＳ企画「血液型別大運動会」のおりの私の発言を報道した『ＡＢＯ　ＦＡＮ』の記事の一部である。

そのようなことは興味はあっても掘り下げてなにか摑もう――という人はほんの一握りの人たちで、科学雑誌『ニュートン』の読者も考古学者ではないと思う。こんなもんかなあ、面白い――といったところであろう。私はヤマタイ国北九州説が好きだったがやっぱり近畿説か――と思うようになった。

ところで血液型であるが、このごろ女性誌でも自社製の質問紙や投影法を作成して、血液型が同じでもラテン系DNA、アングロサクソン系DNA、オリエンタル系DNA、トロピカル系DNA…などと分けて解説している。血液型が同じ□型であってもラテン系DNAの人は人生を謳歌したい開放的な気質の持ち主、アングロサクソン系DNAの人は合理的思考、勝利への執着心の強い人、オリエンタル系DNAの人は人の心の機微がわかる細やかな神経を備えている人、トロピカル系DNAの人は優れた本能による直観的な行動が際立っている人――なのだそうである。はじめ私はこの業者のなかにサイコロジストがいるのかと思っていたが専門用語の使用がラフなので疑問はすぐ解消してしまった。

話題をFBI効果にもどそう。次ページの図はかつてあるテレビ局発行の雑誌に掲載されたカットを変形させたものである。血液型性格判断が信頼される源泉はごく簡単な心理的トリックにあったのである。

フリーサイズ効果（Freesize Effect）

「堅実な暮らしを望む」はA型の特徴とされているが、A型一三二一人のうち七八・〇％が肯定している。しかし、B型一四六人のうち七二・六％、O型一八七人のうち七六・五％、AB型六六人のうち八〇・三％の人たちも肯定しているのである。「マイペースな暮らしを望む」はB型の特徴とされているが、A型に八九・七％、B型に七一・二％、O型に八六・一％、AB型に八七・九％も見られるのである。その他多くの特徴はだれにでも適合するフリーサイズのTシャツのようなものなのである。

ブラックボックス効果（Black Box Effect）

ブラックボックスとは、航空機の飛行記録やコックピット内の音声を収めた堅固な箱のことである。内部構造が超複雑でそのメカニズムが素人にはとてもわからない電子機器のことにも使っている。

人の心（心情とか精神と呼ばれるもの）も偉大なブラックボックスである。このボックスのなかにはAOB式四群の記号の付いたディスクが入っている。ある人は自分の血液型のディスクを取り出してプレイヤーに入れてみる。かねがね思い悩んでいた「本当の自分」（一）に会えるのだ――と思うとロードの時間も待ちどおしい。やがてAB型の特徴的性格や有名人の顔写真が画面に登場して

（一）ここでいう性格は、アメリカ心理学でいうキャラクターではなく、ドイツ心理学でいうカラクテルである。

血液型 就活で聞かれたら

B型って言いづらい…悩む学生

シューカツで血液型を聞かれたらどうする？　就職活動で不況と東日本大震災のダブルパンチにあえぐ学生が悩んでいる。専門家は血液型による性格判断に科学的根拠はなく、面接で聞くことは差別につながりかねないと警告している。

とため息が出た。

男子大学院生(24)はメーカー系の面接で「君はA型ですか」と聞かれた。まじめな性格と言いたいのだろうと解釈し、「はい」と答えた。「当たったからいいが、もし違ったら対応に困

上でも血液型を把握しておきたい」と説明する。

一方、ニセ科学に詳しい菊池誠・大阪大サイバーメディアセンター教授（物理学）は「いまだにそんな会社があるんですねえ」とあきれる。菊池教授によると、性格と血液型の関連性は見つかっておらず、「現代の迷信」という。「そもそも、自分の努力で変えられないことを就職の面接で聞くのはおかしい。企業側に自覚がなさすぎる」

図92　2011年（平成23年）8月22日付のある新聞記事

くる。(一)AB型は古川竹二や能見正比古たちの記述によってとんでもない誤解を受けている。しかし、山岡重行（聖徳大学）は、一九九〇年代の後半からAB型は「天才肌の人」に変貌してきたことを明らかにしている。このイメージも、B型(二)のネガティブなイメージもいずれまたさまざまに変転すると思う。

なお、この人はAB型を取り出したがなにを取り出しても「自分」なのである。

インプリンティング効果（Imprinting Effect）

インプリンティングは一般に「刷り込み」と訳されている。カルガモが母鳥のあとを追っていくのは卵から顔を出したときに刷り込まれたものである。ある大学病院でアヒルが孵化するときに電動の大きなガンダム人形を歩かせたところ、アヒルはガンダム人形を親として追うようになったそうである。AB型の人がAB型の特徴というういくつかのアイテムを見る。そして「当たってるゥ」と思う。そのときすべてがインプリントされてしまうのである。判断力が弱く被暗示性が強い人ほど刷り込まれやすい。そういう種族の人たちは、A・B・O・

(一)　AB型の有名人には次の人びとがいる。稲川淳二・海老蔵・大和田獏・菊川怜・谷村新二・東郷平八郎元帥。太平洋戦争を終結に導き平和な日本国を構築した昭和天皇もAB型である。

(二)　B型に対する偏見は血液型が発見された二〇世紀初頭、西欧の白色人種社会が捻り出した黄色人種軽蔑視の産物である。

ABの記号だけが脳裏にインプットされて、細かい特徴（個々のアイテム）は短期記憶として消え去ってしまうのである。

私たちの実験

私たちは能見正比古が古川竹二の血液型気質をベースにして（スマートにコピーして）作成した四血液型の特徴を巧妙に入れ替えて被験者を騙してしまった。

A型の性格特徴（A型としてはいるが実はO型の性格特徴なのである）。

(1) ドライに見えるほどの合理的な考え方をする。

(2) 空想的、童話的（メルヘン的）な趣味を持っている。

(3) 感情的に安定した面と不安定な面を合わせ持っている。

B型の性格特徴（B型としてはいるが実はAB型の性格特徴なのである）。

(1) 生きる欲望が強い。バイタリティにあふれている。

(2) 目的志向性が強い。達成力がずばぬけている。

(3) ロマンチックな面と強い現実性の2本立てで生活している。

O型の性格特徴（O型としてはいるが実はA型の性格特徴なのである）。

(1) なにかのために生きる生きがいを求める。

(2) まわりにこまかく気をつかう。もめごとが起こることを嫌う。
(3) 感情や欲求は抑制するほうである。

AB型の性格特徴（AB型としてはいるが実はB型の性格特徴なのである）。

(1) マイペースの行動、他から抑制されるのを特に嫌う。
(2) 柔軟な考え方ができる。アイディアに富んでいる。
(3) 無愛想だが、すぐ心を開く開放性がある。

表73にある資料は多くの血液型性格の信仰者の確信？　がいかに浅はかなも

表73　選択におけるミス（実数）
（上段：男子，下段：女子）

		A実はO	B実はAB	O実はA	AB実はB	合計
男子学生156人	A	38	8	7	8	61
	B	1	26	3	7	37
	O	2	3	31	9	45
	AB	0	2	0	11	13
女子学生274人		A実はO	B実はAB	O実はA	AB実はB	合計
	A	49	10	33	9	101
	B	9	31	11	7	58
	O	11	8	58	9	86
	AB	1	2	3	23	29
全体430人		A実はO	B実はAB	O実はA	AB実はB	合計
	A	87	18	40	17	162
	B	10	57	14	14	95
	O	13	11	89	18	131
	AB	1	4	3	34	42

のかを証明している。A型としていくつかの性格特徴が並べてあるが（ここでは三項目をサンプルとしただけだが）、実はO型の性格特徴として能見正比古が書きまくったものなのである。いわゆる釣に使うルアーである。男子学生、女子学生（四大生・短大生）四三〇人（一）のA型一六二人のうちの二〇・二％がルアーで釣り上げられたのである。表73の三段目を見るといかに血液型に対する信頼感が砂上の楼閣であるかが理解できると思う。

　血液型に夢中になっている現象の現実はこのようなものなのである。しかし、まだすっきりしないものがある。それは人間の心は誕生時に「タブラ・ラサ」（二）ではない――ということである。私はあるときＴＢＳで「血液型別大運動会」を見学？　したことがある。大講堂に血液型別に着席している男女群のある列だけが妙に騒がしかったことがいまでも強く印象に残っている。

（一）　表73の調査対象になった学生は次のとおりである。
　男性：A型六一人・B型三七人・O型四五人・AB型一三人。合計一五六人。
　女性：A型一〇一人・B型五八人・O型八六人・AB型二九人。合計二七四人。

（二）　「タブラ・ラサ」は「白紙」ということ。人間の心は誕生時には「白紙」で、そこに経験が記載されて現実の心が構成されるという。ジョン・ロック（John Locke）一七世紀のイギリスの哲学者のコトバ。

付録　フランスにおける血液型性格学

レオン・ブルーデル（Léon Bourdel）とジュネベ（J. Genevés）が1960年に『血液型と気質』という著述をしたが流行らなかった。その一部が科学雑誌『クオーク』（1989年３月刊）に掲載されている（pp. 53～59）。

この研究の源泉は古川の論文（英文・独文）か、どうかはわからない。しかし、似ているか？

Ａ型の人　ハーモニー型という。調和を好む性格である。集団のなかに溶け込んで生活するのを好む。その意味では社交的である。ただし、自分の気に入る集団でなければならない。この好みはうるさいので、ときには頑固でもある。また、自分の属する集団の変化を嫌う保守的な面を持っている。先輩・後輩の序列や礼儀にも気を遣うが、それは集団のなかで自分がどのような位置にいるかが、この型の人には重要だからである。

Ｂ型の人　リズム型という。自分のリズムで行動するのを好むタイプである。リズムによって、行動してから考える猪突猛進型になったり、あくまでもマイペースの独立独歩型になったり、自分の思い通りにならないと気がすまない負けず嫌い型になったりする。どれも、相手に合わせるよりは、自分のペースに相手を巻き込もうとするタイプ。そこで、押しつけに対しては猛烈に反発する。

Ｏ型の人　メロディ型という。五線譜の上を上下する音符のように、落ち着きがなくムラ気な性格である。楽天的で、だれとでもすぐ仲良くなれるが、気分の波は激しく、ちょっとしたことしたことで、突然怒り出したりする。だが、このタイプの人は怒ってもカラリとしているので、けんかしてもそう深刻にはならない。

AB型の人　複雑型という。Ａ型とＢ型の両面を持っているからである。この型の人は、自分でも自分の性格がわかりにくいことがある。ときにＡ型、ときにＢ型の性格を示すわけだからそれも当然である。そのためか、ユニークな行動をとることが多い。

あとがき

この『新編　血液型と性格』は私にとっての三回目のチャレンジである。第一回目の『血液型と性格』（一九九〇年一〇月、福村出版）は大衆社会で流行している血液型信仰（性格判断や相性判断など）に対するサイコロジストとしての最初の批判書である。

第二回目の『新訂　血液型と性格』（一九九八年四月、福村出版）は大学の「人格心理学（性格心理学・パーソナリティの心理学）」のテキスト、あるいは参考書にも使えるように構成したものである。両者とも多くの古書店で見出したことはない。血液を象徴する真っ赤なブックカバーなので店頭ではすぐ眼につく書籍である。他の人が古本屋で見た――という話も聞かない。多くの読者が手許に置いてくれている――と思って感謝している。そういえば能見正比古の一連の新書版もまったく古本屋には見られない。女性雑誌でも血液型をテーマにすると売行きが大幅に違うという。大衆社会の読者は私と能見正比古を天秤にかけているのかもしれない。

この第三回目の『新編　血液型と性格』は前二書とはまったく――といっていいほど異なったスタンスを採っている。主要な相違点は次のとおりである。

一、大阪血液型研究所の所長石津作次郎が私財を擲って刊行した月刊の『血液型研究』の五〇号すべてのうちからサイコロジストが興味を持つ論文を紹介した。その論文のなかには古川学説に対する否定論も見られている。肯定論だけを掲載していないところは良心的である。

二、私たちは、そこに掲載された数量的資料についての推計学的検定はしていない。原著者は観察数（実数）と百分率の多寡によって結論を出している。推計学とパソコンの現代、ここでそれを用いて検討すべきだったのではないか――とアドバイスする人がいると思う。しかし、私は推計学的検定に疑問を持つようになったので、使わないことにした。興味のある人は勝手にパソコンをたたいてほしい。

私たち（浮谷・藤田・大村のＵＦＯグループ）の『『血液型性格学』は信頼できるか」という日本応用心理学会における研究発表も二〇一一年九月、信州大学での第七八回大会で第二八報を迎えている。この発表はありがたいことに「優秀大会発表賞」を授与されることになった。

このたび福村出版の宮下基幸氏のご好意で受賞を機に第三回の出版をしていただくことになった。縁起がいいことだと思っている。なお編集に当られた源良典氏には筆舌に尽くしがたいご差配をいただきありがたく御礼申し上げる。

この『新編　血液型と性格』が多数の人びとの愛読書になり、研究者たちの問題の書となることを祈念してペンを擱くことにしよう。

二〇一二年七月一三日　日本大学文理学部図書館にて

日本大学名誉教授　文学博士　大村政男

解説

日本体育大学教授　藤田主一

血液型研究には、医学・生理学的領域、性格心理学的領域、社会心理学的領域、人類学的領域、占いの領域などがあるように思う。このなかで、医学・生理学的領域は他の領域に対して格段の重量感を持っている。

血液型気質相関説の主唱者古川竹二の子息である古川研（群馬大学名誉教授）は、「うちのオヤジが変なことをいったので世間を騒がせてしまった」とつぶやいていたという。医学・生理学の研究者たちは、一般に血液型性格問題に対してネガティヴなスタンスをとっている。

血液型——といえば、まず想起されるのがＡＢＯ式四群の赤血球である。しかし、それは血液型の一部にすぎない。ＭＮ式、Ｐ式、Rh式など多岐にわたっている。ただ、輸血の重要な役割を担っているのはＡＢＯ式四群なので、どうしてもそこに集中してしまう。性格心理学は類型論好みなので、つごうがいいＡＢＯ式四群に拠ることになるのである。

血液型によって摂食していいものと避けたほうがいいものとがある——という研究がある。藤田紘一郎（東京医科歯科大学名誉教授）によって主唱されている。藤田は通称「カイチュウ博士」と呼ばれている人で、血液型と性格は無関係であるという多くの科学者の共通認識に〝異議あり〟といい、自身も血液型別性格検査を作成している。これに対して、同じ医学者でも高田明和（浜松医科大学名誉教授）は大脳生理学研究をベースにして性格との関係を否定している。古川竹二と親交があった血液型研究の世界的権威者古畑種基も、最初のうちは古川学説に興味を示したが漸次袖を分かってしまう。血液型と性格の関係は気質をも含めて虚像だとするのである。しかし、それが実像ではない——ということは断言できない。現代物理学の標準理論で考えられている一七種類の素粒子のうち、ただ一つ見つかっていなかったヒッグス素粒子が発見された時代である。近未来、なにが起こるかわからない時代である。もしも大脳の秘密がさらに解明されたとき、そのころの性格心理学はどんな様相になっているだろうか？

性格心理学と違って、社会心理学は医学・生理学的領域と隔離？　されている自由区である。詫摩武俊（東京国際大学名誉教授）・松井豊（筑波大学教授）は「血液型ステレオタイプ」という概念で血液型性格の虚像性を説明している。永田良昭（学習院大学名誉教授）は社会的不安定性と血液型依存の関連を指摘し、山岡重行（聖徳大学講師）はAB型に対する印象の変動を発表している。

人類学（自然人類学）は、文化人類学が性格心理学や社会心理学とスクラムを組んでいるのに対して、医学・生理学的領域と親近性を持っている。ただ、自然人類学は生物的オリエンテーションを持っているので当然ＡＢＯ式四群の起原と接触することになる。斉藤基生（名古屋学芸大学教授）はその論文のなかで、血液型ブームに抗するのはむなしい努力かもしれないが思考を停止してはいけない——と結んでいる。藤田紘一郎も血液型四群の起原と人類性に触れている。血液型性格論争はこれからも迷路のなかをうろつくことになると思う。

最後は占いの領域であるが、ここは科学的研究に対して結界を布いている世界である。ときどき新聞や雑誌の広告に「占い師養成講座」というような広告を見ることがあるが、占う人のカリスマ性が重要な信頼要因になっているといっても過言ではないと思うが、血液型を活用している占い師の話は聴いていない。

この本のなかではまったく触れていないが、固有の血液型が他の型に替わったら——という問題がある。血液型は、白血球で再生不良性貧血という難病が起こったとき健康な人の骨髄を移植することによって変わってくる。骨髄の提供者をドナーといい、受容者をレシピエントと呼ぶが、両者の血液型が同じである必要はない。ただし、二人のＨＬＡ（白血球抗原）という組織結合抗原が一致していなければならない。移植が成功すればレシピエントの血液型は別の型になる。その際、性格が変わるかどうかという研究は見当たらない。もしかすると、Ａ型の人がＢ型らしくなるかもしれない。サイコロジストでそういう体験を話してくれた人がいる。もちろん、自己認知の範囲のことである。

〈著者略歴〉

大村政男（おおむら・まさお）

1925年東京に生まれる。1948年日本大学法文学部文学科（心理学専攻）卒業。大学院（旧制）に1年在籍。その後、法務府技官　東京少年鑑別所勤務。1951年日本大学にもどり、助手を振り出しに教育・研究生活に入る。1968年教授、1982年「顕現性不安の構造に関する研究」で文学博士（日本大学）、1995年定年退職、同年日本大学名誉教授。文京女子大学客員教授、川村学園女子大学講師、富士短期大学講師等歴任。日本エッセイスト・クラブ会員（1997年〜）。

2006年5月、教育功労者として瑞宝中綬章（旧勲三等瑞宝章）を拝受する。

著書・翻訳書　『異常性の世界』（ぎょうせい、1972）、『新訂　心理検査の理論と実際』（共著、駿河台出版社、1985）、『現代の心理臨床』（共編、福村出版、1989）、『ＮＥＷ心理学アスペクト』（監修、福村出版、1997）、『血液型と性格』（福村出版、1990）、『EQ テスト』（現代書林、1997）、『新訂　血液型と性格』（福村出版、1998）、『3日でわかる心理学』（ダイヤモンド社、2001）、『図解雑学　心理学』（ナツメ社、2006）、D. S. Dustin 著『心理学研究法入門－不安研究を実例として』（共訳、東京教学社、1976）、その他多数。

大会優秀発表賞「シラノ・ド・ベルジュラックはどんな性格だったか」日本性格心理学会第10回大会（於東洋大学会場）。

同上「血液型性格学は信頼できるか」第28報Ⅰ・Ⅱ・Ⅲ、浮谷・藤田・大村連名、日本応用心理学会第78回大会（於信州大学会場）。

新編 血液型と性格

2012年9月15日　初版第1刷発行

著　者　大　村　政　男
発行者　石　井　昭　男
発行所　福村出版株式会社
〒113-0034 東京都文京区湯島 2-14-11
電話 03-5812-9702　FAX 03-5812-9705
http://www.fukumura.co.jp
印　刷　株式会社スキルプリネット
製　本　協栄製本株式会社

ISBN 978-4-571-24048-5　C0011